Marcelo Siqueira

FLASH

O estado da arte em animação interativa para a Internet
Um guia passo a passo

EDITORA CIÊNCIA MODERNA

Flash — O estado da arte em animação interativa para a Internet: Um guia passo a passo
©Editora Ciência Moderna Ltda. 2000

Todos os direitos para a língua portuguesa reservados pela EDITORA CIÊNCIA MODERNA LTDA.

Nenhuma parte deste livro poderá ser reproduzida, transmitida e gravada, por qualquer meio eletrônico, mecânico, por fotocópia e outros, sem a prévia autorização, por escrito, da Editora.

Editor: Paulo André P. Marques
Produção Editorial: Carlos Augusto L. Almeida
Capa: Marcelo Siqueira
Layout: Renato Martins
Diagramação e Digitalização de Imagens: Patricia Seabra
Revisão: Tereza Queiroz
Assistente Editorial: Érika Loroza

Várias **Marcas Registradas** aparecem no decorrer deste livro. Mais do que simplesmente listar esses nomes e informar quem possui seus direitos de exploração, ou ainda imprimir os logotipos das mesmas, o editor declara estar utilizando tais nomes apenas para fins editoriais, em benefício exclusivo do dono da Marca Registrada, sem intenção de infringir as regras de sua utilização.

FICHA CATALOGRÁFICA

Siqueira, Marcelo
Flash — O estado da arte em animação interativa para a Internet: Um guia passo a passo
Rio de Janeiro: Editora Ciência Moderna Ltda., 2000.

Animação gráfica em microcomputadores
I — Título

ISBN: 85-7393-068-3   CDD 001642

Editora Ciência Moderna Ltda.
Rua Alice Figueiredo, 46
CEP: 20950-150, Riachuelo – Rio de Janeiro – Brasil
Tel: (021) 201-6662/201-6492/201-6511/201-6998
Fax: (021) 201-6896/281-5778
E-mail: lcm@novanet.com.br

A

Ana Paula

Sumário

Introdução IX
Capítulo 1 - Introdução ao Flash 1
   O ambiente de trabalho 3
   Criando um novo movie 4
   Testando um movie 5
   Toolbox 6
   Timeline 7
   Scenes 8
   Library window 9
   Inspectors 9
   Context menus 10
   Visualização da área de trabalho 10
   Impressão 12
   Resumo 13
   Questões de revisão 14
   Exercícios de revisão 14
Capítulo 2 - Criação de conteúdo 15
   Como o Flash trata as imagens 15
   Pencil tool 17
   Retas 18
   Retângulos e Ovais 18
   Brush tool 19
   Eraser 20
   Paint Bucket, Ink Bottle e Eye Dropper 21
   Cores 23
      Paletas 23
      Cores sólidas 25
      Gradientes 25
   Manipulação de formas 26
   Resumo 28
   Questões de revisão 29
   Exercícios de revisão 29
Capítulo 3 - Objetos 31
   Arrow tool 32
   Ferramenta Lasso 32
   Como mover elementos 33
   Outras operações 35
   Como agrupar e separar elementos 38
   Imagens importadas 39
   Resumo 41
   Questões de revisão 41
   Exercícios de revisão 42
Capítulo 4 - Texto 43
   Fontes 43
   Texto 44
   Edição de texto 46
   Resumo 47

Questões de revisão	47
Exercícios de revisão	48
Capítulo 5 - Layers	**49**
Controles	50
Guide layers	52
Mask layers	53
Resumo	54
Questões de revisão	54
Exercícios de revisão	55
Capítulo 6 - Símbolos e instâncias	**57**
Tipos de symbols	58
Buttons	60
Edição	62
Resumo	67
Questões de revisão	67
Exercícios de revisão	67
Capítulo 7 - Animação	**69**
Tipos de animação	69
Animação e layers	71
Motion tweening	71
Criação de uma motion tweening	72
Movimento ao longo de um traçado	73
Shape tweening	74
Shape hints	75
Animação frame a frame	76
Velocidade do movie	78
Edição de animações	78
Edição simultânea (onion-skinning)	80
Resumo	82
Questões de revisão	82
Exercícios de revisão	83
Capítulo 8 - Sons	**85**
Importação de arquivos de som	86
Inserção de um som no movie	87
Compactação de sons	89
Export Settings	91
Resumo	92
Questões de revisão	92
Exercícios de revisão	93
Capítulo 9 - Actions	**95**
A interface	96
Buttons	96
Frames	97
Actions	98
Exemplos comuns	111
Loader	111
Botão de som ON/OFF	112
Menu pop up	113
Resumo	114
Questões de revisão	115
Exercícios de revisão	115

Sumário

Capítulo 10 - Como gerar movie final 117
    Preparação para a web 118
    Publish 119
    Flash 120
    Load Order 120
    Generate size report 121
    Protect From Import (Proteger contra Importação) 121
    Omit1 Trace Actions 121
    JPEG Quality 121
    Audio Stream/Audio Event 122
    Version (Versão) 122
    HTML 122
    Template 123
    Dimensions 127
    Scale 129
    GIF 134
    JPEG 137
    PNG 138
    Windows/Macintosh 138
    Projector 138
    QuickTime 139
    Export 139
    Export Movie 139
    Export Image 140
    Resumo 141
    Questões de revisão 141
    Exercícios de revisão 142

Glossário 143
Apêndice 147

Introdução

O Flash é uma ferramenta especial para a criação de conteúdo para sites da web. Especial porque, em vez do conteúdo convencional, é projetada para a criação de sofisticadas imagens, animações e mecanismos de interação com o usuário.

O Flash tem como característica principal o fato de criar imagens e animações no formato vetorial. Isto permite que as imagens tenham excepcional qualidade gráfica, podendo ser redimensionadas à vontade. Permite também que os arquivos sejam extremamente compactos, adaptando-se de forma ideal às limitações de transmissão de dados pela Internet.

A interação criada com o Flash permite que o usuário controle a forma como o site é apresentado e que envie e receba informações personalizadas, através de interfaces desenhadas com todos os recursos gráficos e de animação disponíveis no programa.

Utilizar o Flash para desenvolver conteúdo para a web abre uma dimensão inteiramente nova, com possibilidades limitadas apenas pela criatividade do designer.

Acima de tudo, um trabalho bem produzido com o Flash pode valorizar enormemente um projeto para a web, acrescentando-lhe atratividade, tanto em termos de estética quanto de objetividade na comunicação.

Quem deve usar este livro

Este livro destina-se a todos aqueles que desejam criar conteúdo criativo e atraente para sites da web. Se você já criou algum material para a web e quer saber como torná-lo mais atraente ou como criar algo mais sofisticado na próxima vez, o Flash é a resposta. Se já tem experiência com o Flash, este livro vai acrescentar muitas informações novas e servir como uma referência prática para auxiliar em seu trabalho. O Flash é uma ferramenta poderosa para qualquer designer que deseje acrescentar criatividade a um trabalho cujo destino é a web.

Provavelmente você já viu sites na web com animações longas e interessantes em Flash. Se quer saber como foram feitas e como você mesmo pode criá-las, este livro é para você.

O que é preciso para criar trabalhos em Flash

O único recurso necessário para desenvolver um trabalho em Flash é o software Flash, da Macromedia, atualmente na versão 4. Ele existe para as plataformas Windows e Macintosh e uma versão completa com validade de 30 dias está disponível gratuitamente no site da Macromedia, em www.macromedia.com. O software vem com o Flash Player, que permite visualizar o trabalho independentemente de outro programa e com recursos para criar um arquivo HTML, com todos os controles para a apresentação do trabalho, permitindo que este seja visualizado em um browser e, assim, publicado na Internet. Quando o trabalho estiver pronto ele poderá ser hospedado em um servidor da web como qualquer outro, ficando acessível a todos os usuários da Rede.

Um site inteiro pode ser criado exclusivamente com o Flash ou um trabalho desenvolvido em Flash poderá ser inserido no contexto de um projeto convencional, usando-se as ferramentas de edição usuais para integrar o HTML do Flash ao restante do projeto.

O que é preciso saber para criar trabalhos em Flash

Mesmo se você nunca teve experiência com a web e não sabe como ela funciona, ainda assim será capaz de criar com o Flash utilizando este livro. Poderá utilizar praticamente todos os seus recursos, como em qualquer programa para a criação de gráficos. No entanto, este livro é principalmente dirigido para aqueles que já criam conteúdo para a web; estes passarão a dispor de uma ferramenta extremamente poderosa para desenvolver seu trabalho de forma cada vez melhor. Caso você já conheça o Flash, encontrará aqui tudo o que precisa para utilizar plenamente o enorme potencial do programa.

O requisito principal para trabalhar com o Flash é a criatividade.

Como usar este livro

Este livro pretende ser um tutorial para o desenvolvimento de trabalhos em Flash. Seu conteúdo abrange os passos necessários para utilizar todos os recursos do software, dos básicos aos mais avançados, e inclui dicas e técnicas úteis a todos os níveis de habilidade.

Introdução XI

À medida que for progredindo na leitura, reproduza os exemplos apresentados. Ao mesmo tempo, sinta-se livre para ir de um capítulo a outro, lendo sobre um recurso em particular e experimentando-o.

Cada capítulo procura tratar de um grupo de recursos específicos. Ele explica o funcionamento de cada um e, à medida que eles forem sendo apresentados, o que você viu anteriormente será utilizado, de forma que ao final você tenha uma visão completa da ferramenta.

Após a leitura, o livro poderá ser usado permanentemente como uma referência. Você poderá consultar o capítulo pertinente sempre que precisar esclarecer alguma dúvida na implementação de uma idéia em particular. Além disso, você sempre encontrará idéias em que se basear para desenvolver sua criatividade.

Convenções usadas neste livro

Este livro foi feito com base na versão em inglês do FLASH. Em função disso, ele servirá também para ajudar na utilização do programa, familiarizando você com os termos que ele utiliza internamente. Ao usar o programa você encontrará os mesmos termos aqui usados, podendo identificá-los imediatamente. Para isso, será sempre apresentaremos a tradução de um termo e, a partir de então, ele passará a ser utilizado em sua forma original. Qualquer dúvida com relação a um termo poderá ser esclarecida no glossário ao final do livro.

Para enfatizar pontos específicos, como dicas especiais, utilizaremos o *itálico*

Para assinalar eventuais metáforas ou referências subjetivas a uma idéia, colocaremos a expressão "entre aspas".

Visão geral

Este livro se divide em 10 capítulos, cada um tratando de um conjunto particular de recursos do programa.

Capítulo 1, Introdução ao Flash

Este primeiro capítulo apresenta inicialmente uma visão geral do que é o Flash e de suas características. Em seguida, apresenta o ambiente de trabalho e introduz conceitos e metáforas, como os símbolos e o "palco", utilizados para facilitar a compreensão e a utilização dos recursos. Mostra, a seguir, sempre em detalhes, como um movie é criado e testado. Descreve o funcionamento dos controles para criação de animações, a utilização das bibliotecas de objetos disponíveis para uso no movie, a utilização dos inspetores para obter informações detalhadas de cada elemento e realizar alterações, os controles de visualização da área de trabalho, o módulo de configuração de impressão e a configuração das suas preferências.

Capítulo 2, Criação de conteúdo

Este capítulo descreve detalhadamente os recursos para criação de imagens dentro do próprio programa usando as ferramentas para desenhar e pintar. Aborda as ferramentas de desenho, o funcionamento das palhetas de cores, conceitos de linhas e de áreas preenchidas, recursos para modelação de formas, manipulação de curvas e combinação de objetos na criação de conteúdo para desenvolvimento do movie.

Adicionalmente, apresenta detalhes sobre como trabalhar com elementos importados de outras fontes. Veremos, entre outras coisas, como introduzir elementos de diversas fontes diferentes em nosso trabalho, como transformar bitmaps em gráficos vetoriais e como pintar objetos usando figuras em bitmap.

Capítulo 3, Objetos

O Flash proporciona uma ampla gama de recursos para o controle dos elementos que compõe um movie. Este capítulo apresenta uma descrição detalhada sobre como trabalhar com esses "objetos", incluindo todos os métodos disponíveis para selecionar, mover, copiar, apagar e, especialmente, para transformar os elementos criados ou importados na área de trabalho, de forma a obter os resultados desejados da maneira mais objetiva possível.

Capítulo 4, Texto

A utilização de elementos de texto dispõe de recursos sofisticados no Flash. Neste capítulo, são examinados os procedimentos para a criação de texto, campos de texto, textos editáveis pelo usuário, a formatação de textos e parágrafos, as transformações possíveis no formato dos caracteres, a conversão de fontes em imagens editáveis e detalhes sobre como aproveitar todo o potencial de criação proporcionado por estes recursos.

Capítulo 5, Layers

Neste capítulo, examinamos detalhadamente a utilização de "layers", ou seja, as camadas independentes em que os elementos que compõe o trabalho podem ser dispostos de forma a coexistirem sem interferirem uns com os outros. Veremos a criação e edição de layers, como alterar sua ordem de forma a posicionar imagens à frente ou atrás de outras, o uso de guias para determinar a trajetória do movimento de elementos, o uso de máscaras e todos os demais recursos disponíveis.

Capítulo 6, Símbolos e instâncias

Um dos recursos mais poderosos do Flash é o uso de símbolos e de diferentes instâncias destes símbolos. Este capítulo apresenta uma descrição completa dos tipos de "symbols" (graphics, buttons e movie clips), mostra como criá-los, duplicá-los, testá-los e convertê-los entre si, como criar "instances" de symbols, identificá-las no palco, alterar suas características, substituí-las por outras ou desmontá-las e também como utilizar symbols provenientes de outros movies.

Capítulo 7, Animação

Este capítulo apresenta uma descrição dos recursos disponíveis para a criação de animação no Flash e mostra como utilizá-los de forma eficiente. Veremos aqui como criar uma animação, como utilizar os frames ao longo da timeline, como utilizar as layers na animação, a determinação da velocidade do movie, os poderosos recursos de "tweening" – que criam automaticamente as imagens intermediárias a partir da inicial e da final –, como aplicá-los em instances, o agrupamento de imagens e de textos, a sincronização de animações, o tweening de movimentos e de formas, o deslocamento de um objeto ao longo de um caminho predefinido, as animações "frame-by-frame" e recursos como o "onion-skinning", que permite editar simultaneamente diversos frames ao longo da timeline.

Capítulo 8, Sons

Um característica especial do Flash é a versatilidade com que integra sons ao contexto do trabalho. Este capítulo mostra como importar sons, como incluí-los no movie, como editá-los, como ligar e desligar um som em determinado momento, como associar sons a um button e todos os recursos para otimização dos sons ao serem exportados com o movie.

Capítulo 9, Ações

Aqui você verá, passo a passo, como são implementados os recursos mais sofisticados do Flash, as "actions", ou seja, as ações programadas que conferem a você a capacidade de criar desde as mais simples às mais complexas formas de interação com o usuário. O capítulo descreve recursos como associar actions a buttons e frames, editar actions, iniciar e parar movies, ajustar a qualidade do display, desligar todos os sons, deslocar a apresentação para outro ponto do movie ou passar para outra URL, verificar se um frame já foi carregado, carregar e descarregar outros movies, ler variáveis de um arquivo remoto, "conversar" com o programa que está rodando o movie, controlar outros movies e movie clips, duplicar e remover movie clips, tornar um movie clip arrastável com o mouse, alterar a posição e a aparência de um movie clip, trabalhar com variáveis, ações condicionais, loops, arrays, expressões de "scripting", rolagem de texto e correção de erros, além de uma visão detalhada das propriedades dos movie clips e sobre como configurá-las e alterá-las dinamicamente.

Capítulo 10, Como gerar o movie final

Este último capítulo mostra todos os detalhes sobre como transformar o resultado final de seu trabalho em um movie, pronto para ser exibido. Veremos aqui como otimizar o movie e testar seu desempenho durante um download na Internet, bem como todos os recursos para exportar o resultado como um movie no formato Shockwave e publicá-lo integrado a um arquivo HTML, pronto para ser disponibilizado na web. O capítulo descreve itens como a configuração de arquivos HTML e dos formatos gráficos compatíveis, a criação de projeções, o uso do "stand-alone" player, a exportação de imagens estáticas e a criação de modelos em HTML para publicação. Examina, também, todos os parâmetros de configuração do arquivo HTML para a apresentação do movie em um browser.

Glossário

Apêndice – Respostas às questões de revisão

Bem-vindo a uma nova dimensão

Após essa descrição do conteúdo do livro, você deve estar preparado para entrar em uma nova dimensão na criação de conteúdo para a web. Você terá liberdade para criar, sem as limitações das ferramentas convencionais como tamanho de tela, tipos de fonte, dimensões fixas, posicionamento dos elementos e qualidade de imagem, entre outros. Quando terminar a leitura, você terá à sua disposição o uso do que é hoje o estado da arte em desenvolvimento de animação e interatividade para a web. Quanto mais você usar esta ferramenta, mais você expandirá seus limites, fazendo com que o maior deles passe a ser a sua própria criatividade.

Capítulo 1

Introdução ao Flash

O Flash é um software para criação de animações e recursos de interatividade para a web. O resultado de um trabalho desenvolvido com o Flash é conhecido como um movie.

Uma das características mais especiais de um movie Flash é o formato vetorial, que confere ao arquivo final um tamanho extremamente compacto (em termos de bytes) e a possibilidade de ser redimensionado em qualquer grau sem perda da qualidade da imagem. Com isso, um movie pode ser transmitido através da Internet com facilidade e suas dimensões podem ser automaticamente ajustadas em função do tamanho da janela do browser do usuário, sem qualquer redução na qualidade.

Um movie pode ser usado para a criação de um site completo, com alto grau de interatividade com o usuário, ou como um objeto específico para um site convencional, tal como um banner, um logotipo animado, um painel de controle de navegação na página, um formulário ou outra interface para interação com o servidor, uma animação complexa, com sons sincronizados ou em inúmeras outras possibilidades.

O encarregado da reprodução é o Flash Player, que apresenta o movie integrado a um arquivo HTML, em um browser ou isoladamente, como uma aplicação autônoma, denominada stand-alone. O Flash Player reside no computador do usuário como um *plugin*[1] ao browser e, atualmente, vem agregado aos principais browsers e sistemas operacionais. Caso ele já não esteja presente em um sistema, pode ser obtido gratuitamente através da rede em uma operação bastante simples.

---

[1] Um plugin é um programa que se agrega a outro, adicionando-lhe determinada funcionalidade.

Um movie é criado através de desenhos, desenvolvidos através das poderosas ferramentas do próprio Flash ou utilizando elementos importados de fontes externas. Os elementos são dispostos no *stage* (palco) e animados através da *timeline* (linha de tempo). A interatividade do movie é criada fazendo com que ele se modifique de maneira programada e com que responda a determinados eventos preestabelecidos. Após o término do desenvolvimento do movie, ele é "exportado" como um movie do Flash Player, integrado a um arquivo HTML e colocado junto com o HTML em um servidor da web de onde poderá ser acessado através da rede.

Em suma, o Flash é uma ferramenta que confere ao designer o poder de criar um tipo de conteúdo para a web que não pode ser obtido com as ferramentas convencionais. Ele possibilita a criação de animações curtas ou longas com intensa dinâmica e a incorporação de interatividade em uma nova dimensão, ao possibilitar o desenvolvimento de interfaces poderosas e flexíveis.

Vejamos agora alguns detalhes sobre o ambiente de trabalho e sobre os recursos disponíveis para começar a desenvolver um Flash movie.

O ambiente de trabalho

Em um novo movie, estão disponíveis as seguintes áreas de trabalho: O stage, o espaço retangular onde o movie se desenrola; a janela da timeline, onde os elementos são animados ao longo do tempo; o modo de edição de *symbols*[2], onde os symbols podem ser criados e editados, e a *library* (biblioteca) window, onde os symbols são organizados.

Capítulo 1 · Introdução ao Flash 3

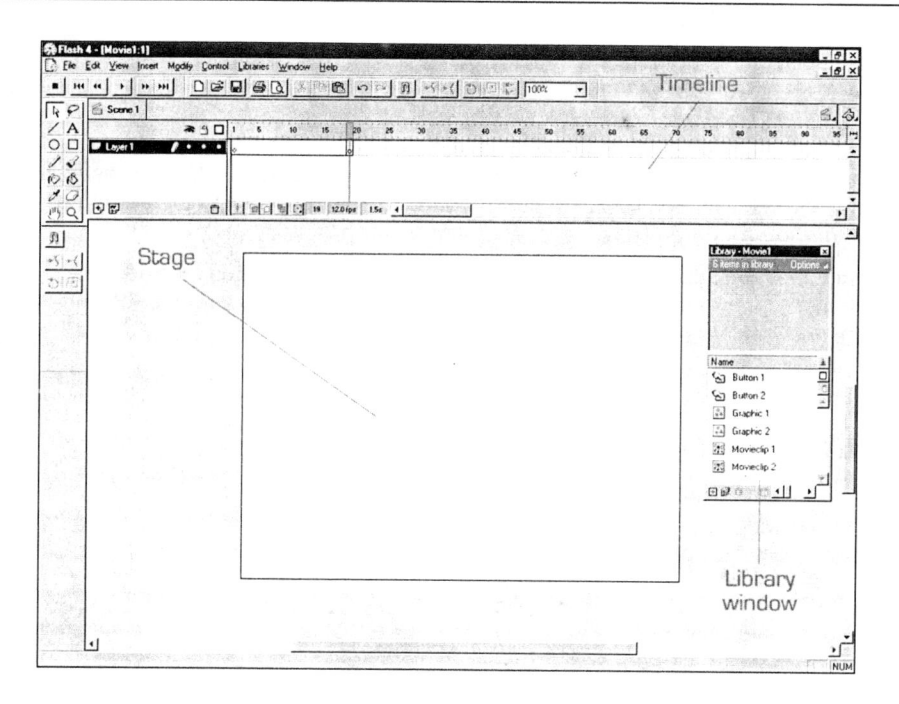

Como um filme convencional, um movie é composto de uma sequência de quadros, ou *frames*, como são denominados no Flash. Os frames são sucessivos ao longo do tempo e é no stage que cada um deles é criado, sendo desenhado diretamente ou sendo composto com elementos importados.

A Timeline apresenta cada frame existente no movie e é através dela que o *timing* (tempo) das animações é definido. Na timeline são criadas as *layers*, camadas independentes onde os elementos do movie podem ser distribuídos isoladamente, compondo as imagens ao sobreporem-se, sem interferirem uns com os outros.

---

[2] Symbols são quaisquer elementos do movie definidos por você como tais e que podem ser utilizados diversas vezes.

Essa composição da interface de trabalho do Flash cria metáforas como o palco (stage), os símbolos e as bibliotecas para tornar mais intuitivo o trabalho. Você é o dono do espetáculo. Crie seus atores (symbols), coloque-os no palco e faça-os desempenharem o papel que você escolheu para eles distribuindo cada passo ao longo da timeline. Seu "elenco" (library) estará à sua disposição e você poderá modificar o "personagem" (instance – instância)) que cada ator irá representar "trocando sua roupa e maquiagem" em seu camarim (modo de edição), ou no próprio palco, e dando-lhes um "script" a ser seguido.

Por enquanto, vamos tentar compreender o objetivo de cada parte da área de trabalho e, aos poucos, você irá aprendendo como montar seu espetáculo e deixar que o Flash dê vida ao seu trabalho. Com certeza você vai se entusiasmar cada vez mais com as possibilidades que descobrirá.

Criando um novo movie

Cria-se um novo movie através do menu File (Arquivo), com a opção New (Novo). A seguir, com o menu Modify (Modificar) e a opção movie, define-se as seguintes características básicas:

- **Frame rate:** É o numero de frames que passarão por segundo na apresentação. Normalmente, para uma apresentação na web, esta taxa deve ser configurada para 8 a 12 fps (frames per second).

- **Dimensions:** São as dimensões que o movie terá e a partir das quais todo o trabalho será desenvolvido. Escolhe-se a altura (height) e a largura (width). O tamanho default é 550 x 400 pixels, o mínimo é 18 x 18 e o máximo é 2880 x 2880. Pode-se selecionar a unidade de medida na caixa Ruler Units.

  Procure definir com segurança as dimensões do movie que melhor se adaptam ao seu objetivo, pois pode ser muito difícil, ou até impossível, alterá-las mais tarde.

- **Match:** A opção Contents (Conteúdo) reduz o tamanho, deixando uma margem igual de todos os lados do conteúdo. Para minimizar o tamanho do movie, alinhe o conteúdo acima e à esquerda antes de usar esta opção. A opção Printer (Impressora) ajusta o tamanho do movie para o máximo da área de impressão, considerando o formato de papel e as margens definidas para a impressora.

- **Grid Spacing:** Opção para definir as dimensões de um grid. Em Show grid opta-se pela sua visualização.

- **Colours:** Na opção Grid escolhe-se a cor do mesmo e na opção Background (Fundo) seleciona-se a cor do fundo do movie, que será usada em toda a sua extensão e poderá ser alterada a qualquer momento.

Lembre-se que a cor do background será necessariamente a mesma para todas as partes do movie, incluindo itens como Scenes e movie clips. Até mesmo outros movies que venham a ser chamados para reprodução dentro do seu movie assumirão a cor de background deste.

- **Ruler Units:** Seleção da unidade de medida para todos os componentes do movie. A unidade selecionada passa a ser o default, podendo ser alterada a qualquer momento. Você poderá usar qualquer outra unidade entre as disponíveis, bastando especificá-las no input.

Aqui você começa a preparar o show. Defina o palco e as referências que vão facilitar o seu trabalho. Você poderá voltar aqui sempre que precisar e ajustar as configurações, sempre lembrando de planejar bem as dimensões do movie para não precisar tentar alterá-las mais tarde.

Testando um movie

Existem maneiras diferentes de visualizar o resultado do trabalho em andamento e testar os eventos interativos que estão sendo criados.

- Para testar as animações mais simples ou sons que estão na tela, por exemplo, basta usar ou o comando Play do menu Control, ou o Controller, para um preview dentro do próprio ambiente de trabalho. O Controller é um painel semelhante ao de um videocassete, que pode ser incluído na barra de tarefas acionando-se o menu Window e a opção Controller.

- Para testar todo o movie, o Flash cria um Flash Player movie, que é apresentado em uma janela separada, através dos comandos Test Movie e Test Scene. Nesta janela também é possível testar o desempenho previsto para um download do movie. Veremos mais adiante os detalhes deste recurso.

- Finalmente, para testar o movie em um browser, já embutido em um arquivo HTML, abra o menu File, a opção Publish Preview e a opção HTML. Mais adiante veremos em mais detalhes o comando Publish Preview.

Ao trabalhar com o Flash você vai querer testar constantemente as suas criações.

Quando quiser ver o resultado de uma sequência de frames ao longo do tempo, simplesmente aperte a tecla Enter e observe a seqüência se desenrolar linearmente, até o último frame, sem interrupção. Isto pode ser usado para verificar operações simples, como, por exemplo, se um movimento está acontecendo como pretendido ou se uma trajetória especificada está sendo seguida. É o modo mais básico de verificar uma sequência. Com ele nenhuma ação definida, como parar em um frame ou saltar para outro ponto do movie, terá efeito. O mesmo resultado de um Enter é obtido com o comando Play, do menu Control, ou com a tecla play no Controller.

Quando você quiser testar como realmente o seu movie está se comportando, incluindo todas as ações criadas, você deverá usar o comando Test movie. Esse comando faz com que o Flash de fato crie um movie a partir do trabalho desenvolvido até então, salve-o em seu computador e apresente-o em uma janela específica exatamente como ele foi criado, com todos os recursos internos ativos. Você poderá também testar apenas uma Scene específica. Neste caso, o Flash criará um movie com apenas a Scene escolhida, o salvará e o apresentará na janela interna do programa. Para isso você pode usar também as teclas Control+Enter (Windows) e Command+Enter (Macintosh) para testar o movie todo e Control+Alt+Enter (Windows) e Command+Option+Enter (Macintosh) para testar somente uma Scene.

Finalmente, você poderá fazer um teste mais completo, de um trabalho para a web, usando o comando Publish Preview, HTML, do menu File. Aí você poderá verificar em um browser, além das ações internas do movie, a sua integração com uma página HTML. Você verá mais adiante os recursos disponíveis para configurar o modo como seu movie será apresentado na Internet. É claro que você pode, a qualquer momento, fazer este tipo de teste, mas para a criação do movie o teste interno será, na maioria das vezes, suficiente para monitorar cada passo. Mais tarde veremos outros tipos de interação que um movie pode ter com a Internet, como intercâmbio de dados com um servidor e ligações com outros elementos da web. Para estes casos veremos que os testes precisam ser feitos com o comando Publish e uma conexão ativa com a rede.

Para testar um Symbol isoladamente, use o comando Test Movie. Se você tentar usar o atalho Ctrl+Alt+Enter, somente a metade inferior do display será visualizada.

Toolbox

Para desenhar, pintar, selecionar e modificar os elementos que compõe o movie, o Flash utiliza as tools (ferramentas), disponíveis na toolbox. Muitas tools dispõem também de modificadores que alteram a forma como elas agem.

Para usar uma tool basta clicá-la na toolbox (caixa de ferramentas). Dependendo da tool selecionada, alguns modificadores vão aparecer na parte inferior. No Windows é possível usar a toolbox embutida na toolbar (barra de ferramentas) ou flutuando sobre a área de trabalho. Por default, ela vem embutida à esquerda e pode ser posicionada em outra parte da toolbar clicando-se em sua superfície e movendo-a para o destino. Arrastando-a para fora da toolbar ela fica flutuando sobre a área de trabalho na posição desejada.

A toolbar pode ser exibida, escondida e configurada através do menu Window, com a opção toolbar.

Experimente trabalhar com as ferramentas posicionadas de diferentes formas: à esquerda, embutida na posição default, inserida na toolbar no topo da área de trabalho ou flutuando e sendo deslocada quando necessário. Descubra a opção mais confortável para você.

Uma possibilidade para usuários de Windows 98 ou Macintosh que tenham acesso a um segundo monitor é utilizar os dois simultaneamente, colocando todas as ferramentas em um e deixando a tela do outro mais livre para visualização do trabalho.

No menu File, opção Preferences (Preferências), Undo Levels:, é possível escolher o número de níveis em que você pode desfazer as últimas alterações realizadas. E, através da opção, Selection Options (opções de Seleção), é possível escolher se a seleção de mais de um objeto será feita diretamente ou apertando a tecla shift.

Timeline

Através da Timeline determina-se a evolução do movie ao longo do tempo. Ela é dividida em linhas que correspondem às diferentes layers e colunas que correspondem a cada frame.

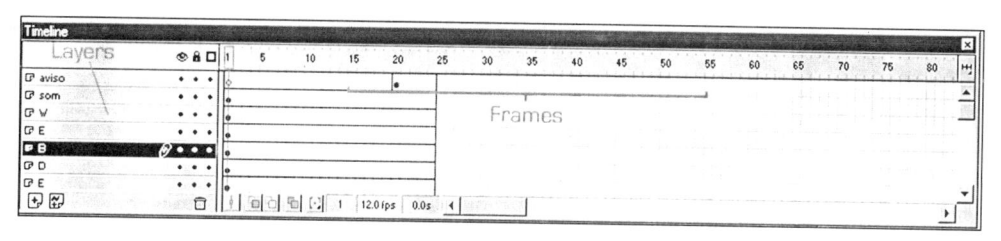

Como a toolbox, a timeline pode ficar embutida na toolbar ou flutuar na posição desejada sobre a área de trabalho. Quando embutida, pode ser redimensionada arrastando-se a barra inferior para aumentar o número de layers que aparecem ou a barra divisória entre os nomes das layers e o quadro de frames para alterar suas larguras. Para manter a timeline sempre flutuando, sem estar embutida na toolbar, selecione a opção Disable Timeline Docking no Menu File, opção Preferences, Timeline Options.

A timeline é a espinha dorsal de um movie. Para compreender o seu papel na concepção de um movie é importante a noção de que, apesar de ser representada linearmente, a timeline funciona de forma totalmente não linear.

Veremos, aos poucos, que um movie pode percorrer a timeline de inúmeras formas, até mesmo para trás, e poderemos também ter a idéia de que ela possui inúmeras dimensões. Sim, porque cada frame pode conter vários movie clips, cada um com sua própria timeline, e cada um deles pode conter outros, em uma cadeia enorme de possibilidades. Por enquanto, o importante é consolidar a idéia de que a timeline define o espaço de tempo entre dois eventos. Dada a velocidade do movie, em frames por segundo, o número de frames entre o início e o fim de um evento determina sua duração.

Além disso, é importante compreender que cada layer da timeline tem sua vida própria, como se cada uma fosse um movie independente, e que, sendo transparentes e estando sincronizadas ao longo da mesma timeline, elas compõe a visão final do seu movie quando esses diversos "movies" independentes são apresentados sobrepostos.

Scenes

As scenes (cenas) podem ser usadas para dividir um movie em partes distintas, como forma de organizá-los.

Através do Scene inspector (ao lado), acessado através do menu Windows, opção Inspectors, Scene, você pode criar e remover scenes, duplicá-los, alterar seu nome ou modificar a sua ordem de apresentação no movie, clicando em seu nome e arrastando-o para a nova posição. Outra forma de criar uma Scene é usando o menu Insert (Inserir) com a opção Scene. No canto superior direito do quadro da Timeline há um botão por meio do qual é possível passar ao modo de edição da Scene desejada.

É importante considerar que na apresentação do movie as Scenes são apresentadas na ordem em que se encontram no Scene inspector, mas é possível fazer com que o movie passe de uma para outra de diversas formas, como por escolha do usuário, por exemplo.

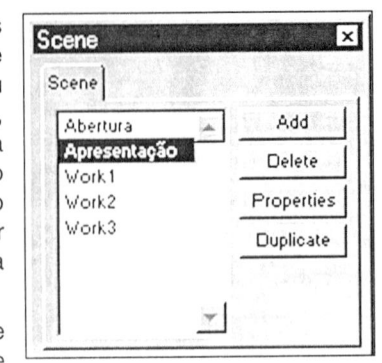

Como o nome diz, Scenes são cenas individuais, mas que estão dentro de um mesmo roteiro. E cada uma possui sua própria timeline. Se você quer dividir seu movie em partes distintas, com cenários diferentes, por exemplo, pode pensar em usar Scenes. O importante é notar que o conceito de Scenes só existe para efeitos de organização. Usando alguns recursos que veremos mais tarde, como Labels para marcar pontos predeterminados da timeline principal e comandos para ir e voltar para frames específicos, é possível simular quantas Scenes forem necessárias mantendo-se tudo na timeline principal. Em alguns casos, isso poderá facilitar a administração geral do movie. Em suma, consideremos as Scenes como elementos opcionais, que serão utilizados caso seja interessante. De qualquer forma, sempre será possível (com algum trabalho) passar o conteúdo de todas as Scenes para uma única.

Library window

Na library de um movie ficam guardados, além dos symbols, os arquivos bitmap, de som e de vídeo disponíveis no movie. Usamos a library window, acessada através do menu Window, opção Library, para organizar estes elementos.

Você pode visualizar cada elemento da library na parte superior da janela e reproduzir as animações e os sons selecionados ali mesmo. A organização pode ser feita ordenando, removendo e renomeando os elementos ou distribuindo-os em folders. Você pode também identificar os elementos que não estão sendo usados no movie para removê-los e, se um arquivo bitmap importado for modificado externamente, você pode atualizá-lo na própria janela, sem precisar importá-lo novamente.

Além do conteúdo da própria library, é possível utilizar em um movie tanto o conteúdo de libraries de outros movies quanto as do próprio Flash. Para disponibilizar a library de outro movie, use o menu File com a opção Open as Library (Abrir como Biblioteca) e, para usar a library própria do Flash, acione o menu Libraries.

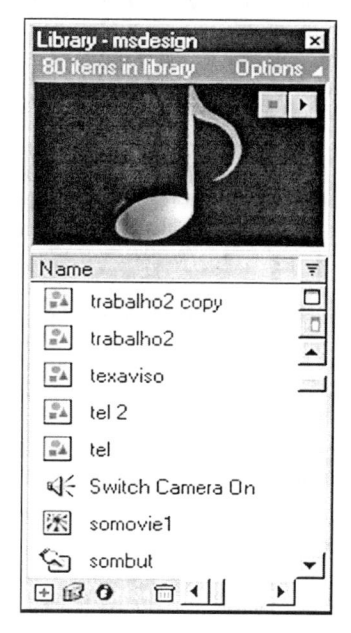

Este é o "elenco" que você tem disponível para representar o seu espetáculo. Use "atores" formados por você para este movie, atores emprestados de outros movies ou atores "estrangeiros", importados de outros lugares. Organize sua library com cuidado, pois o número de elementos em um movie pode crescer de forma surpreendente. Procure usar nomes descritivos para cada um, ajudando a identificá-los mais rapidamente, e procure separá-los em folders (pastas de arquivo), da mesma forma com que são organizados os arquivos em seu computador. Expandindo a janela, com o botão situado na coluna direita, você verá as colunas que mostram o nome e o tipo de cada elemento, além do número de vezes em que ele é utilizado no movie e quando foi modificado pela última vez. Use estas informações para manter sua library organizada, evitando perder tempo tentando entender o que está acontecendo em seu movie.

Inspectors

Com os inspectors (inspetores), você administra detalhes de cada elemento do movie, podendo verificar suas características e alterá-las. No menu Window, opção Inspector, você pode acessar os seguintes inspectors: Object, Frame, Transform, Scene e Generator. Como default, as janelas de todos eles vêm agrupadas e seleciona-se o desejado clicando na guia correspondente. É possível separá-las em janelas individuais, clicando e arrastando sua guia, e juntá-las novamente, arrastando-as de volta.

Os Inspectors podem ser muito úteis na montagem de seu espetáculo. Eles são seus "contra-regras". Fornecem a você todas as diversas informações a respeito dos objects (objetos), frames e Scenes existentes e através deles você pode fazer transformações precisas, em características como as dimensões e o posicionamento de cada elemento. Acostume-se a usar sempre seus fiéis ajudantes, tornando seu trabalho mais simples e eficiente.

Use o Object Inspector para tornar um círculo perfeito, entrando com altura(h) e largura(w) iguais nas caixas correspondentes ou para posicionar dois elementos iguais exatamente um sobre o outro (você provavelmente vai precisar fazer isso em algum momento), atribuindo-lhes as mesmas coordenadas (x e y).

Context menus

O Flash disponibiliza um menu especial, usado para administrar determinados elementos da área de trabalho, chamado Context menu (menu Contexto). Ele existe para os objetos dispostos no stage, para os frames na timeline e para os componentes da library. Podem ser acionados simplesmente clicando-se sobre o elemento desejado com o botão direito do mouse (no caso do Windows) ou junto com a tecla Control (no caso do Macintosh).

Este é outro recurso que facilita muito o trabalho com o Flash. Para editar um object no stage, administrar frames ao longo da timeline ou organizar elementos na library window você normalmente selecionaria o elemento e usaria os menus normais. No entanto, muitas vezes, é mais simples e eficiente executar essas mesmas operações através do Context menu, pois, além de executar apenas um clique para chegar ao menu, você encontra, juntas, opções relativas ao elemento que ficam localizadas em diversos menus convencionais diferentes.

Visualização
da área de trabalho

No menu View, encontram-se as seguintes opções de visualização da área de trabalho:

- **Work Area** – Na área de trabalho existe uma região cinzenta, que pode ser usada para posicionar elementos fora dos limites do frame. Quando um objeto entra em cena durante uma animação, por exemplo, sua posição inicial será nesta área. Essa opção permite visualizar esta área além do frame.

- **100%** – Mostra os objetos em seu tamanho real. Corresponde a selecionar um valor de 100% no controle de zoom.

- **Show All** – Mostra todos os objetos existentes no frame, no maior tamanho possível.

- **Show Frame** – Mostra toda a área do frame, no maior tamanho possível.

Capítulo 1 · Introdução ao Flash 11

Com o comando de zoom é possível aumentar e diminuir o tamanho em que o conteúdo da área de trabalho é visualizado. Pode-se usar a magnifier tool (ferramenta lupa) e seus modificadores **+** ou **−** para aumentar ou diminuir, respectivamente, a visualização. Pode-se, também, selecionar o percentual de aumento ou redução desejado no menu do zoom, na toolbar.

A hand tool (ferramenta mão) pode ser usada para deslocar o stage inteiro, permitindo mudar a área de visualização sem alterar o percentual de zoom.

A hand tool pode ser acionada, também, apenas apertando a tecla de espaço.

- **Grid** – O "grid" é a grade, formada com linhas uniformemente traçadas, que aparece sobre a área de trabalho para servir de referência ao posicionamento dos elementos. Essa opção mostra ou esconde o grid e suas dimensões podem ser configuradas através do Menu Modify, opção Movie.

- **Rulers** – As rulers (réguas) servem como referência sobre a posição de um objeto. Elas aparecem ao longo da parte superior e da lateral esquerda do movie e, quando um objeto é movido sobre o stage, elas apresentam uma linha acompanhando sua posição.

  Através do menu Modify, opção Movie você pode selecionar a unidade de medida que preferir usar durante o trabalho. Independentemente da unidade selecionada originalmente, você pode usar qualquer medida entre as disponíveis ao entrar com valores em alguma caixa de diálogo. Basta acrescentar ao valor a unidade desejada, como, por exemplo, 33 cm, 400 px ou 24 pt.

- **Outlines (Contornos)** – Com esta opção visualiza-se apenas o contorno dos elementos no stage. Isto torna mais rápido o desempenho do programa ao fazer alterações ou ao apresentar imagens mais complexas.

- **Fast** – É o modo default de trabalho. Apresenta todos os detalhes dos elementos, apenas sem usar recursos de antialias[3].

- **Antialias** – Neste modo, as imagens aparecem com o contorno mais suave, mas a velocidade do display é menor.

- **Antialias Text** – Aplica o efeito antialias aos textos.

Use os recursos de visualização da área de trabalho para facilitar o seu trabalho e, também, para aumentar sua produtividade. Em muitas ocasiões você terá diversos elementos convivendo em diferentes pontos de um mesmo frame. Normalmente, haverá uma relação entre eles, sendo necessário visualizá-los sozinhos ou em conjunto. Utilize as opções de visualização para conseguir trabalhar detalhes com facilidade, ao mesmo tempo em que

---

[3] Recurso usado para "suavizar" o contorno de imagens, reduzindo o efeito serrilhado apresentado em determinados casos pelas imagens.

mantém uma visão global do trabalho. Use e abuse do zoom para isso. Acostume-se a utilizar recursos como a hand tool (apertando a tecla space), para obter um aumento virtual de sua área de trabalho; Show frame, para se posicionar quando estiver "perdido"; 100%, para ter uma visão de como ficará o resultado final; Outlines, para fazer testes simples sem perder tempo, e assim por diante. O mais importante é que você faça uso dos recursos disponíveis nos momentos certos, evitando dificuldades desnecessárias.

Traçar um retângulo ao redor de uma determinada área com a magnifier tool faz com que essa área seja automaticamente aumentada ao máximo possível.

Com o zoom em 100%, cada toque nas setas do teclado produz um deslocamento de 1 pixel. Para aumentar a precisão do deslocamento aumente o zoom. Assim, com zoom de 200%, cada toque na seta desloca 0,5 pixels, com 400% 0,25 pixels e assim por diante.

Apertando a tecla Shift o deslocamento a cada toque na seta aumenta para 8 vezes o normal, facilitando a aproximação de um ponto ainda afastado.

Impressão

Além das opções normais de impressão, através da janela Page Setup(acessível através do menu File, opção Page Setup) o Flash oferece os seguintes recursos:

- Imprimir apenas o primeiro frame do movie (First frame only) ou imprimi-los todos(All frames).
- Selecionar a impressão do conteúdo do movie de três formas:
  ➤ no tamanho real (Actual size).
  ➤ no tamanho do papel (Fit on one page).
  ➤ em storyboards[4] (Storyboard), separados em caixas (Boxes), por um grid (Grid) ou sem separação alguma (Blank).

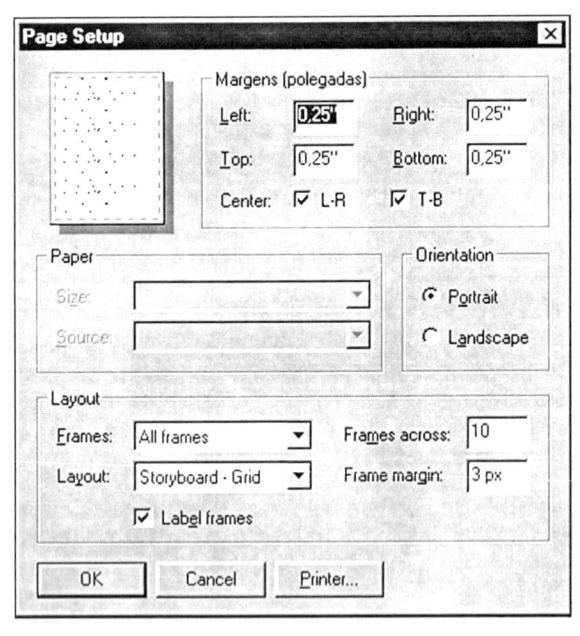

---

[4] Seqüência de imagens reduzidas apresentando quadros de uma animação.

Ao imprimir o storyboard, é possível selecionar o número de frames por linha, com a opção Frames across, a margem entre os frames, com a opção Frame margin e, também, incluir o texto dos labels (rótulos) de cada frame abaixo da imagem, selecionando a caixa Label frames.

Os recursos especiais de impressão que o Flash proporciona podem ser muito úteis se forem bem aproveitados. Cada frame do movie é como uma página independente. Isto permite que você imprima cada frame de seu movie separadamente.

Com a impressão de um storyboard você terá no papel um registro completo de cada passo do movie. Isto servirá para fazer uma análise detalhada do mesmo, possibilitando que o trabalho seja apresentado para outras pessoas sem necessidade de um computador, e que se façam, por exemplo, anotações e sugestões que poderão depois ser aplicadas e testadas no movie. Avalie opções como a de apresentação do storyboard e o recurso Scale (Escala), em que você escolhe o tamanho da impressão, por exemplo, para encontrar o formato mais adequado a seu propósito.

> Através dos recursos apresentados no programa você pode imprimir apenas o primeiro frame ou todos. Não há uma opção para selecionar um frame ou uma série específica de frames para impressão. No entanto, você pode fazê-lo usando um macete. Copie os frames que deseja imprimir (com o comando copy frames), abra um novo movie, cole os frames copiados (com o comando paste frames) e imprima um storyboard.
>
> Lembre-se, também, que não é possível imprimir transparências ou Masks (recurso para esconder partes da imagem, que vamos analisar mais adiante).

Resumo

Vimos, neste capítulo, uma introdução sobre o que é o Flash, que tipo de trabalho ele cria, as vantagens do seu formato vetorial, a produção de um arquivo final com poucos bytes e o redimensionamento sem perda de qualidade, como um trabalho em Flash pode ser aplicado e como um arquivo feito em Flash é reproduzido.

Examinamos os principais elementos da área de trabalho, como o stage, espaço onde o trabalho é desenvolvido; a timeline, que determina o timing das animações; a toolbox, onde encontram-se ferramentas de criação; as Scenes, usadas para organizar etapas roteiro do movie e a Library window, onde ficam guardados os elementos reutilizáveis do trabalho.

Vimos os primeiros passos para começar a produzir um novo movie e os recursos disponíveis para testá-lo durante seu desenvolvimento.

O capítulo examinou, também, os Inspectors, os Context Menus e as alternativas de visualização da área de trabalho, recursos auxiliares importantes, que estão disponíveis durante todas as etapas do trabalho.

Finalmente, foram examinados os recursos de impressão disponibilizados pelo Flash.

Como você verá também nos próximos capítulos, apresentamos aqui algumas dicas especiais que vão fazer com que seu trabalho se torne mais simples e produtivo.

Questões de revisão

1. Qual a vantagem de usar recursos desenvolvidos em Flash em um site da web?
2. Como minimizar as dimensões de um movie?
3. Quantas timelines um movie pode conter?
4. Como alterar a ordem das Scenes?
5. Que tipo de objetos podem ser mantidos na Library window?
6. Como saber quais são as dimensões exatas de um objeto?
7. Como acionar o Context Menu?
8. Como é possível visualizar uma parte da área de trabalho que está fora do display sem precisar alterar o zoom?
9. Como é possível imprimir de uma vez apenas uma determinada série de frames?

Exercícios de revisão

1. Após este capítulo, o melhor exercício para consolidar as informações obtidas é examinar as opções descritas, dentro do Flash, experimentando sempre que possível.

CAPÍTULO 2

Criação
de conteúdo

Como mencionamos anteriormente, há duas formas de desenvolver conteúdo para um trabalho em Flash. Uma é usando as ferramentas oferecidas pelo programa para criar os elementos necessários dentro do próprio Flash. A outra é importando para o ambiente de trabalho do Flash objetos criados em outro local, sejam gráficos produzidos por meio de um outro programa, material copiado de outras fontes ou, então, trabalhos elaborados manualmente, além, naturalmente, de poder usar objetos existentes em outros trabalhos em Flash que estejam disponíveis.

Neste capítulo, vamos analisar detalhadamente o primeiro caso, ou seja, os recursos para desenhar e pintar com o Flash.

Como o Flash trata as imagens

Antes de tudo, é necessário compreender como as formas produzidas em uma mesma layer afetam umas às outras. Esse conceito é fundamental, por um lado, para que você utilize com eficiência as enormes possibilidades que uma layer oferece e, por outro, para que você evite perder tempo com ações que alterem seu trabalho de forma indesejada.

O mecanismo funciona da seguinte maneira: Quando você cria um objeto sobre outro em uma mesma layer eles interagem entre si, substituindo-se e dividindo-se em segmentos. Uma linha desenhada sobre uma forma qualquer faz com que esta forma seja cortada em duas partes pela linha e também com que a própria linha se divida em segmentos.

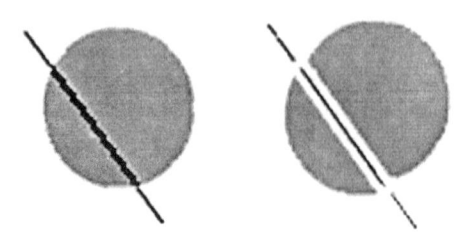

Este é um mecanismo que você pode utilizar para obter efeitos interessantes, pois um elemento aplicado sobre o outro substitui o segmento deste que está em baixo dele. Assim, você pode usar este recurso para criar cortes e figuras vazadas como, por exemplo:

Duas figuras   Sobreposição   Apaga-se a primeira   Resultado

Note que a figura obtida no resultado também está completamente segmentada, podendo ter cada segmento editado independentemente.

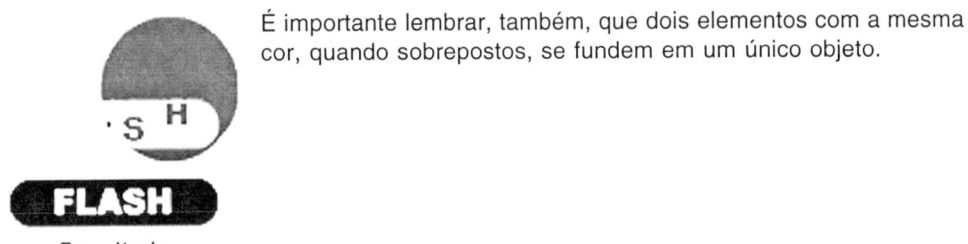

É importante lembrar, também, que dois elementos com a mesma cor, quando sobrepostos, se fundem em um único objeto.

Resultado

Quando você quiser evitar que dois elementos se alterem mutuamente, ao se sobreporem, pode fazer com que pelo menos um deles se torne um grupo, através do menu Modify, com o comando Group (Agrupar), ou pode posicioná-los em diferentes layers que, como já vimos, mantêm os elementos isolados mesmo quando sobrepostos.

Finalmente, lembre-se sempre que um elemento só pode ser editado quando estiver desagrupado. Nenhuma ferramenta age sobre objetos na forma de group (grupo) ou Symbol. Para editar um objeto agrupado você precisa primeiro usar os comandos Ungroup (menu Modify, Ungroup – Desagrupar) ou Break Apart (Desmontar). No caso de um Symbol, você deve usar os comando de edição de Symbols, que veremos em detalhes mais à frente.

Quando você encontra na web animações em Flash em que as letras de um texto brilham ou ficam mudando de cor, muitas vezes é um efeito criado com um texto vazado e um fundo claro, no caso do brilho, ou colorido passando por trás. Você verá em breve que este é um efeito muito simples de se conseguir.

Pencil tool

Com a pencil tool (ferramenta lápis) você cria desenhos da forma como faria com um lápis normal, sendo que tem as opções de suporte para desenhar linhas retas, curvas ou livremente. Quando você seleciona a ferramenta surgem os seguintes modificadores na toolbox.

- Pencil Mode (Modo de Desenho) – A opção Straighten (Tornar mais Reto) é a que ajuda a traçar linhas mais retas. Smooth (Suavizar) ajuda a suavizar, alisar as curvas traçadas. No modo Ink (Tinta) você fica livre para desenhar a seu modo.

- Line Color (Cor da Linha) – Você escolhe aqui a cor com que a linha será desenhada. Clique no quadrado para abrir a palheta de cores e arraste o cursor até a cor desejada.

- Line Thickness (Espessura da Linha) – Selecione aqui uma das opções de espessura ou entre com o valor desejado.

- Line Style (Estilo de Linha) – Escolha entre os tipos de linhas disponíveis.

No Flash, linhas são tratadas de forma diferente de fills (preenchimentos), as formas que preenchem os objetos. As linhas mantêm uma espessura constante, são editadas com a ferramenta Ink Bottle (Vidro de Tinta) e podem ser inclusive apagadas com a Eraser tool (ferramenta Apagador) sem que um fill contíguo seja afetado. No entanto, é possível transformar uma linha em um fill com o menu Modify, opções Curves, Line to fills. Ao ser convertida em uma forma normal, uma linha pode receber efeitos especiais, como gradientes ou variações de espessura localizadas.

Quando você converte uma linha em fill tem a vantagem de, em determinados casos, acelerar o display das imagens, mas, por outro lado, isso pode fazer com que o tamanho do arquivo final aumente, efeito que sempre deverá ser evitado para que a transmissão via Internet seja a mais rápida possível.

Retas

Para desenhar retas usa-se a line tool. Com ela você disporá dos mesmos transformadores existentes para a pencil tool, exceto a opção que seleciona Straighten, Smooth e Ink. Arraste o cursor na direção desejada e uma reta perfeita será traçada. Use as opções para especificar a espessura, a cor e o estilo.

> Apertando a tecla Shift enquanto arrasta o cursor você traça automaticamente retas em ângulos múltiplos de 45º.

Retângulos e Ovais

Use Rectangle (Retângulo) e Oval tools para traçar formas retangulares ou ovais, respectivamente. Com essa ferramenta, além dos modificadores existentes para a line tool, com os quais você configura o contorno da imagem, você pode selecionar a cor do fill que a preencherá, clicando no modificador que mostra um quadrado colorido. Após selecionar uma cor, se quiser modificá-la, você pode clicar no outro ícone ao lado para já deixar a cor escolhida selecionada na janela de configuração de cores (menu Window, opção Colors).

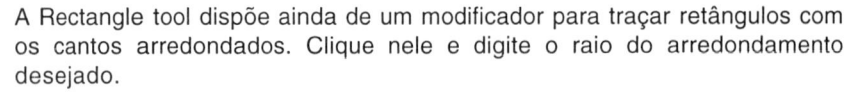

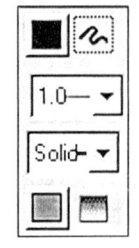

A Rectangle tool dispõe ainda de um modificador para traçar retângulos com os cantos arredondados. Clique nele e digite o raio do arredondamento desejado.

> Para traçar quadrados ou círculos perfeitos aperte a tecla Shift ao desenhá-los.
>
> Para ajustar visualmente o raio do arredondamento do retângulo use as setas para cima e para baixo, no teclado, enquanto arrasta o cursor.

Brush tool

A Brush tool (ferramenta Pincel) é usada como um pincel. Você pode usá-la para pintar qualquer elemento da área de trabalho. Entretanto, além do traço de um pincel, ela possui poderosos recursos para criar efeitos especiais e facilitar seu trabalho. A Brush tool pode ser usada também com acessórios para desenho à mão livre sensíveis à pressão, os tablets, variando a espessura do traço conforme a pressão aplicada.

Um efeito interessante é o que permite aplicar ao traço do pincel uma imagem pré-selecionada, que veremos mais tarde.

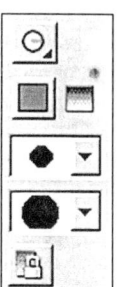

Ao selecionar a Brush tool, você tem à disposição um botão para selecionar o Brush mode; um para selecionar a cor, o botão cor (Fill Color), o botão que focaliza a cor selecionada na janela de cores principal; um o botão para selecionar o tamanho do "pincel"; um para escolher um formato para ele e, finalmente, o lock (bloqueio) fill, que, quando usado com um fill composto, tal como uma imagem ou um gradiente, permite que, ao pintar em pontos diferentes, você dê continuidade ao padrão escolhido, como se a área de trabalho tivesse o fill ou a imagem por baixo e o pincel expusesse segmentos deste fundo ao ser aplicado.

No primeiro exemplo ao lado, você vê o resultado de um traço feito sobre uma imagem com o paint mode Normal. Aqui, a ferramenta age como um simples pincel, cobrindo toda a área por onde passa.

No segundo exemplo, o modo Paint Fills, o pincel ignora todas as linhas, cobrindo somente as áreas vazias e as que estiverem preenchidas com um fill.

O terceiro mostra o modo paint behind (Atrás), com o qual você pinta por trás da imagem, preservando-a totalmente. Funciona como se você tirasse a imagem do lugar, pintasse o local e a recolocasse na posição original. Assim, caso a imagem tenha alguma transparência, a pintura será vista através dela.

A Quarta opção é o Paint Selection. Você seleciona uma parte da figura e o pincel age apenas sobre as áreas atingidas dentro desta parte selecionada.

O último Paint mode é o Paint Inside (Dentro). Neste modo, apenas o segmento da imagem onde você inicia o traço será atingido pelo pincel.

Aqui você começa a ver o poder de criação que o Flash coloca em suas mãos. Mesmo pessoas que não possuem habilidades especiais para desenho podem obter efeitos impressionantes, bastando para isso passar algum tempo experimentando, combinando efeitos e explorando as inúmeras possibilidades. Para aqueles que têm facilidade e experiência com desenhos, basta conhecer em detalhes os recursos disponíveis e acostumar-se com o comportamento da ferramenta para começar a obter resultados extraordinários com extrema rapidez e flexibilidade.

Para criar traços exatamente verticais ou horizontais use a tecla Shift.

Se você usar um Tablet, selecione o modificador de pressão para variar a espessura do traço de acordo com a pressão.

Eraser

A Eraser tool tem um papel extremamente importante na produção de seu trabalho. A capacidade de poder corrigir com facilidade aquilo que não está na forma desejada lhe dá flexibilidade para fazer várias tentativas, até obter resultados adequados. E o Flash não deixa a desejar neste ponto, apresentando diferentes formas de efetuar as correções necessárias.

Ao selecionar a Eraser tool você dispõe, primeiro, do modificador Faucet (Torneira), que tem o ícone de uma torneira. Com este modificador você apaga de uma vez segmentos inteiros de linhas e fills, bastando clicar na "torneira" e, em seguida, em alguma parte do segmento que pretende apagar.

Para apagar arrastando o cursor, a ferramenta pode agir de cinco modos diferentes:
- No modo Normal, a ferramenta apaga tudo em que tocar.
- Nos modos Erase Fills e Erase Lines, a ferramenta age somente sobre os fills ou sobre as linhas, respectivamente, deixando intocado o outro tipo.
- Usando o modo Erase Inside você pode eliminar apenas o fill do elemento em que começou a apagar, sem afetar linhas ou demais elementos.
- Finalmente, com o modo Erase Selected Fills, você apaga somente os fills selecionados, sem afetar linhas. Mesmo que estas também tenham sido selecionadas.

Além das opções de modo você pode também selecionar o formato e o tamanho do apagador que melhor se ajustarem à situação. Lembre-se que elementos agrupados não são atingidos pelas ferramentas.

Se você quiser apagar de uma vez tudo o que se encontra sobre a área de trabalho basta clicar duas vezes na Eraser tool.

Paint Bucket, Ink Bottle e Eye Dropper

Qualquer objeto criado no Flash pode ter os atributos de preenchimento de seu conteúdo ou de seu contorno configurados. Seja quando você cria um novo elemento ou quando quer modificar um elemento criado, você usa a ferramenta paint Bucket para definir os atributos de um fill e a Ink Bottle para os outlines. Em ambos os casos, você tem a opção de escolher o atributo none (nenhum), selecionando o quadrado vazio que existe na parte superior esquerda da palheta de cores. Com ela você pode criar uma shape sem outline ou um outline sem fill. *Se você aplicar a opção none a fills ou lines existentes eles serão eliminados.*

O Eye Dropper (Conta-gotas) é usado para selecionar uma amostra de fill ou stroke (traço) e, em seguida, aplicá-la com uma das outras duas ferramentas.

Para definir um atributo para as ferramentas Paint Bucket ou Ink Bottle, são usados os mesmos modificadores que acompanham as ferramentas para traçar retas, retângulos e ovais, já apresentados neste capítulo.

A diferença principal entre lidar com shapes (formas) ou lines é que não se pode atribuir um fill a uma line, a não ser que esta seja convertida em shape (menu Modify, Curves, Lines to Fills), como veremos em detalhes mais tarde.

Com a ferramenta Paint Bucket você preenche uma área vazia com um fill ou substitui um fill já existente. Ao selecioná-la, você dispõe de três modificadores especiais.

O primeiro é o Gap (Espaço Vazio) Size, que você usa para determinar até que ponto a área a ser preenchida deve estar completamente fechada para que o fill seja aplicado. Com a primeira opção, Don't Close Gaps, somente áreas totalmente fechadas recebem o fill. Nas três outras opções, Small (Pequeno), Medium (Médio) e Large (Grande) Gaps, o fill somente será aplicado se a área tiver espaços abertos pequenos, médios ou grandes, respectivamente. Se o espaço for grande demais, será necessário fechá-lo manualmente para que o fill possa ser aplicado.

O segundo modificador é o Transform Fill, usado para modificar o formato de fills compostos, tais como gradientes ou imagens em bitmap. Quando você seleciona o Paint Bucket e o Transform Fill e, em seguida, seleciona um fill composto, tem à disposição alguns handles (pegadores) através dos quais poderá aplicar as alterações desejadas. O handle quadrado permite alterar largura e altura do fill. Os outros três, circulares, permitem mover a posição do fill todo (handle central), rotacionar o fill ou alterar ângulo e raio de fills retangulares e circulares, respectivamente.

Acostume-se a usar estes e outros recursos, como o Lock Fill (que cria o efeito de uma máscara sobre o fill), para chegar mais rapidamente aos resultados desejados.

> *Quando estiver trabalhando com grandes fills, lembre-se de usar o comando View, Work Area, para conseguir ver todos os handles.*
>
> *Você pode multiplicar um bitmap para preencher uma área maior, bastando aumentar seu tamanho o quanto for necessário.*

Conforme vimos, no caso da Line tool, a ferramenta Ink Bottle é utilizada para definir o formato de linhas. Além de selecionar uma cor sólida para uma linha você pode escolher a largura e também uma imensa variedade de formatos. Selecionando o transformador Line Style e sua opção Custom (Personalizar) abre-se uma janela em que você dispõe de diversas opções para criar sua linha especial.

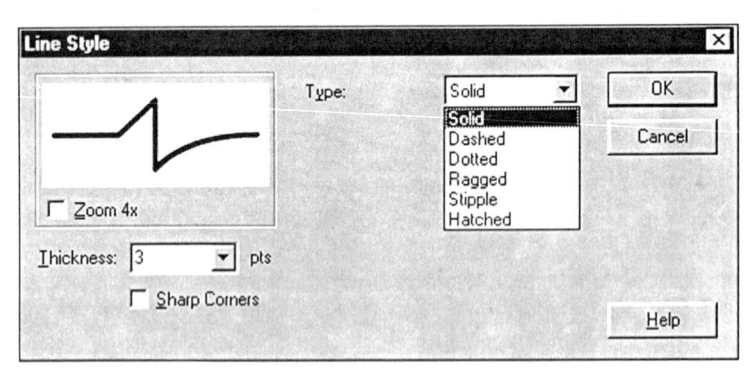

Capítulo 2 · Criação de conteúdo   **23**

Experimente cada um dos formatos disponíveis em Type, atribuindo-lhes diferentes espessuras em Thickness (Espessura) e, depois, experimente cores diferentes. Você vai correr o risco de encontrar resultados realmente ridículos, mas depois que se habituar às opções conseguirá obter composições muito interessantes.

A ferramenta Eye Dropper, como já vimos, permite que você pegue uma amostra de algum elemento existente na área de trabalho, inclusive uma figura em bitmap, e o aplique através das outras ferramentas. Você poderá notar que, após capturar uma amostra com o Eye Dropper, ao selecionar uma linha, a Ink Bottle é acionada automaticamente. O Paint Bucket assumirá no caso de seleção de um fill.

> Se você selecionar o Eye Dropper e clicar sobre algum elemento enquanto aperta a tecla Shift, todas as ferramentas ficarão automaticamente configuradas com os atributos do elemento.

Cores

Veremos agora mais um recurso extremamente poderoso do Flash, o uso de cores.

Paletas

Cada trabalho produzido em Flash possui sua própria paleta de cores. Isto não significa que seu movie levará junto toda ela; em vez disto, apenas as cores utilizadas o acompanharão. Estamos nos referindo aqui à paleta que está disponível para uso imediato. A paleta atual do seu trabalho é aquele painel cheio de quadrados coloridos (swatches - amostras), que aparece quando você vai selecionar uma cor para uma ferramenta ou quando abre a janela de cores. O default no Flash é a chamada websafe palette, composta pelas 216 cores que são exatamente as mesmas em qualquer browser, além de seis gradientes.

Você pode incluir quantas novas cores quiser em sua paleta, o limite é a resolução de cores em seu computador, que pode ir de 256 a milhões. No entanto, browsers da web não reproduzem outras cores além das 216 da websafe palette. Portanto, se você estiver criando conteúdo para a web use sempre esta paleta. Do contrário, quem for ver o seu trabalho em um browser não o verá nas cores que você escolheu, e sim em cores semelhantes constantes na websafe palette. Você tem na janela de cores a opção Snap (Ajustar) to Web Safe, que serve para ajustar automaticamente uma cor que você estiver usando para a mais próxima dela entre as 216. Usando este recurso você poderá sempre trabalhar vendo as cores que realmente serão apresentadas em qualquer máquina.

Além das cores sólidas, sua paleta pode conter também gradientes, que serão compatíveis com a web desde que sejam compostos por cores compatíveis.

Você pode importar e exportar paletas específicas entre arquivos Flash e até entre arquivos Flash e outros programas, como o Fireworks ou o Photoshop.

Para trabalhar com cores você usa a Color Window, no menu Windows, Colors.

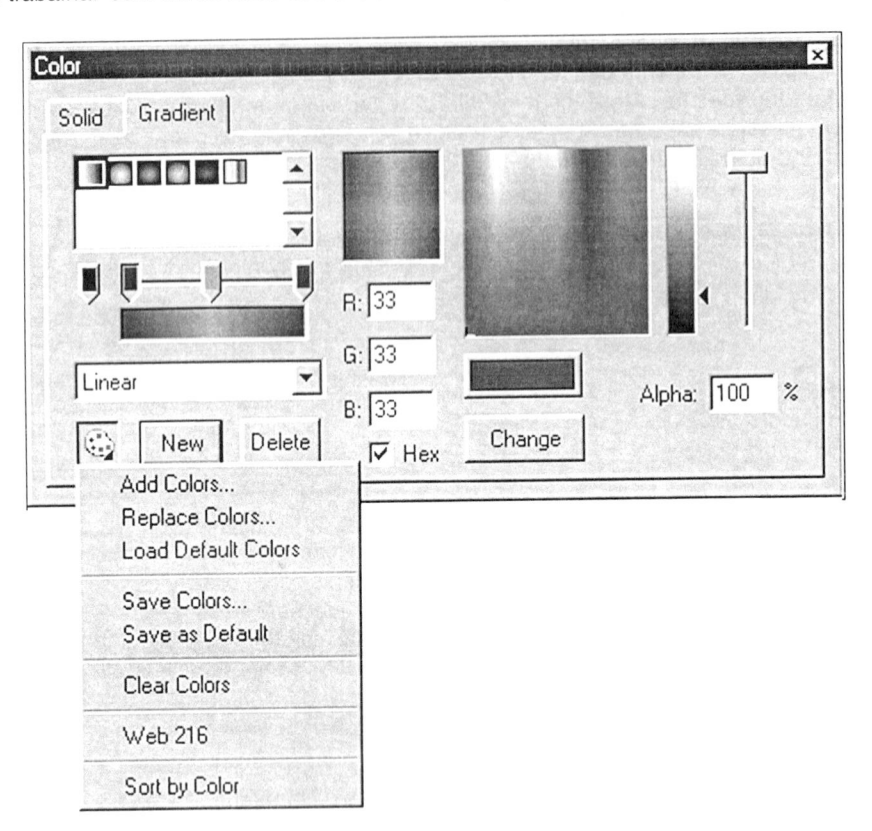

A paleta default pode ser ativada através do menu palette, no canto inferior esquerdo da janela de cores, com o comando Load Default Colors (Carregar Cores Default).

Neste menu você também pode esvaziar a paleta usando o comando Clear Colors (Limpar Cores). Quando você limpa sua paleta sobram apenas o branco, o preto e um gradiente.

É possível, também, ordenar as cores na paleta, por grau de luminosidade, com o comando Sort Colors (Ordenar Cores).

Paletas são importadas e exportadas na forma de arquivos especiais. O Flash usa dois formatos de arquivo para operar com paletas, o CLR e o ACT. Para criar (exportar) em um arquivo a paleta atual, use o comando Save Colors. Para importar um arquivo CLR ou ACT, use Add Colors (Adicionar Cores). Em seguida, substitua a paleta atual pela importada, com o comando Replace Colors (Substituir Cores).

Cores sólidas

Para criar ou editar uma cor sólida use a guia Solid da Colors Window. Altere o Hue (Matiz) arrastando o cursor pelo Color Space (o quadrado multicolorido na Color Window) até atingir o ponto desejado. Defina o ponto de Tint (Gradação de cor) e Brightness (Brilho) com o controle deslizante ao lado. Você pode, também, definir um grau de transparência de 0 a 99 (zero é totalmente transparente) para cada cor. Outra opção para configurar uma cor é fornecer valores de red (vermelho), green (verde) e blue (azul), seja com um valor numérico (de 0 a 255) ou com um valor hexadecimal para cada um dos três. Com os botões New (Novo), Delete (Excluir) e Change (Alterar) você adiciona uma cor recém-criada, substitui uma cor existente pela nova e remove cores da paleta, respectivamente.

Gradientes

Um dos recursos mais interessantes do Flash é a criação e utilização de gradientes. Com a ótima qualidade das imagens vetoriais, mantida com qualquer grau de redimensionamento, os gradientes são capazes de conferir impressionantes efeitos visuais a um trabalho.

Os gradientes podem ser do tipo Linear, variando em faixas, ou Radial, variando em círculos concêntricos. Você encontra os gradientes disponíveis em sua paleta, junto às cores sólidas. Para criar um novo gradiente, primeiro abra a Color Window e selecione a guia Gradient. Selecione, então, um gradiente já existente e aperte o botão New.

Para editar o gradiente:

- Primeiro escolha se ele será do tipo Linear ou Radial, na caixa de menu acima do botão New.
- A seguir você vai utilizar a barra de definição de gradient (gradient definition bar).
- Para inserir um pointer (ponteiro) na barra clique no pointer mais à esquerda e arraste-o para a definition bar.
- Para retirar um pointer arraste-o para fora da barra.
- Para alterar a cor de um pointer, selecione-o e escolha uma cor na palheta que se abre ao clicar no retângulo colorido, que se encontra acima do botão Change.
- Ajuste a transição de cores deslizando os pointers ao longo da barra.

> Você pode utilizar até oito pointers na criação de um gradiente, e cada qual pode ter um grau de transparência individual.
> O formato CLR pode importar e exportar tanto cores sólidas quanto gradientes. Com o formato ACT apenas cores sólidas podem ser usadas no Flash.
> É possível, também, importar paletas de arquivos GIF para o Flash.

Manipulação de formas

Veremos agora recursos disponíveis para que você possa fazer ajustes e desenvolver idéias em cima do conteúdo que for sendo criado. Mais uma vez, poderemos perceber o poder de criação que o Flash confere, tanto a designers experientes quanto àqueles que estão começando a descobrir o que são capazes de realizar.

Com as ferramentas estudadas, são criados objetos básicos, que tanto podem ser o resultado final do trabalho quanto o ponto de partida para vôos mais ousados. Sempre é possível procurar "lapidar" o trabalho, buscando acabamentos especiais.

Você pode alterar o contorno de objetos de três de maneiras:

No primeiro caso, você faz os ajustes manualmente, com o apoio de algumas opções do programa. Quando você aproxima o cursor com a seta de algum ponto de um contorno ou de uma linha, aparecem as figuras de um ângulo de 90 graus ou de um segmento de círculo. O primeiro surge quando você se aproxima de um canto do contorno e o segundo quando de uma curva.

Clicando sobre um ponto do contorno e arrastando o cursor você altera o mesmo, com a figura se ajustando ao novo ponto selecionado. No caso de um canto ele será esticado, conforme você arrasta o cursor. A extremidade de uma linha, ao ser arrastada, por exemplo, faz com que ela se estenda. No caso de uma curva, ela se deslocará na direção escolhida, mantendo-se em forma de curva. Uma opção nesse caso é arrastar um ponto de uma curva enquanto aperta a tecla Control (Option, no Macintosh) para criar um novo canto.

Experimente criar uma forma irregular com a pencil tool em opção Ink, por exemplo, e começar a alterar pontos em seu contorno. Você perceberá rapidamente o potencial de criar imagens originais. Explore as possibilidades.

Uma segunda forma de ajustar linhas é usando dois dos modificadores da arrow tool (ferramenta seta), o Smooth e o Straighten.

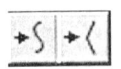

Com o primeiro, você suaviza curvas, reduzindo "barrigas". Selecione a linha que deseja suavizar e, em seguida, clique no Smooth modifier (modificador) quantas vezes forem necessárias para conseguir o melhor resultado possível. Uma alternativa para este modifier é o menu Modify, opções Curves, Smooth. Da mesma forma, com o Straighten modifier você torna uma linha mais reta. A alternativa, no caso, é menu Modify, opções Curves, Straighten. Mas o Straighten possui, também, uma função toda especial. Ele permite que o Flash faça o reconhecimento de formas. Se você desenhar as formas aproximadas de um círculo, de um quadrado ou de um triângulo, pode torná-las figuras geometricamente perfeitas com o comando Straighten. Basta selecionar a figura, ativar a arrow tool e clicar no Straighten modifier ou na opção Straighten no menu.

Capítulo 2 · Criação de conteúdo

A terceira maneira de ajustar formas é a chamada otimização de curvas. Uma curva é, normalmente, composta por várias curvas lógicas e pode ser otimizada através da redução desse número, enquanto mantém aproximadamente seu formato. Isso dependerá de quantos níveis de otimização você vai aplicar. Pense sempre nos objetos criados pelo Flash como gráficos vetoriais. Cada curva ou forma é registrada em termos de equações matemáticas que usam coordenadas como localização, distância e raio para definir formas e reproduzi-las exatamente como as originais ou alterá-las conforme necessário. Assim, quando você otimiza uma curva, reduzindo o número de curvas que a compõe, o Flash guarda uma quantidade menor de informações sobre ela e precisa de menos tempo de processamento para defini-la. Como resultado, teremos um arquivo final mais leve e uma reprodução mais eficiente do nosso movie. Conforme você for ganhando mais experiência com o Flash irá preocupar cada vez mais em manter seus trabalhos com o menor tamanho possível em termos de bytes, e com a maior agilidade possível em termos de reprodução.

Ao acionar o menu Modify e as opções Curves e Optimize você abre uma caixa de diálogo que permite escolher quantos níveis de otimização aplicar à imagem. Conforme vimos, quanto maior a otimização maior a alteração no formato. Você vai selecionar o ponto de equilíbrio desejado.

Um outro recurso disponível para auxiliar o trabalho de criação é chamado Snapping (Grudar). Ele faz com que objetos "grudem" automaticamente, ou seja, ajustem-se sozinhos a uma determinada posição. É acionado através do modificador da arrow tool que tem um imã desenhado ou com o menu View, opção Snap. Um objeto pode ter sua posição ajustada automaticamente ao grid, por exemplo, o que pode ser usado para alinhar objetos. Pode também se ajustar sozinho a um traçado definido para uma animação, como veremos mais tarde.

Quando a opção Snap está ativa você vê um pequeno anel sob o cursor; quando é possível alinhar perfeitamente dois objetos este anel torna-se maior.

> *Quando quiser alinhar um objeto a outro usando o Snap, prefira "pegar" o objeto pelo centro ou por um canto.*

Você pode configurar diversas das opções que estamos vendo através do menu File, comando Assistant. Escolha quão próximo um objeto deve estar para que o Snapping entre em ação com a opção Snap to Grid. Em Connect Lines (Conectar Linhas), você pode definir a distância a partir da qual duas linhas vão unir-se automaticamente. Em Smooth Curves, você determina a intensidade do smoothing durante o uso da pencil tool, quando os modificadores Smooth ou Straighten estão ativados. Com a opção Recognize Lines (Reconhecer Linhas), você escolhe quão reto deve ser um traço para que o Flash o interprete com uma linha reta e o ajuste automaticamente. Use a Opção Recognize Shapes para, do mesmo modo, regular a precisão com que o programa reconhece e ajusta uma forma geométrica traçada por você. Finalmente, Click Accuracy (Precisão) estabelece quão próximo você precisa clicar em um objeto para que ele seja atingido.

Com a opção Connect Lines você também define quão exatamente vertical ou horizontal uma linha deve estar para que seja posicionada automaticamente na posição exata. Mesmo com essa opção funcionando automaticamente, você pode usar os modificadores ou os menus para aumentar o efeito.

Há, ainda, no Flash, três opções para aplicação de efeitos especiais em imagens, encontradas no menu Modify, opção Curves:

- Lines to Fill: Através deste comando você transforma uma linha em um fill. Fazer isto permite, por exemplo, que você aplique uma imagem ou um gradiente a uma linha.
- Soften Edges (Suavizar Cantos): Expande ou reduz o contorno de um fill (sem stroke) em uma espessura (Distance) determinada adicionando um determinado número de curvas (Steps - Passos) que suavizam o contorno.
- Expand Shapes: Expande ou reduz uma forma em um número de pixels especificado.

Estes são os recursos disponíveis no Flash para que você crie seu próprio conteúdo, desenhando e pintando imagens. Como veremos daqui a pouco, há muitas formas de importar conteúdo para compor um movie. No entanto, você vai perceber que o principal poder do programa reside no que ele permite criar através dele mesmo e no que ele é capaz de fazer com seus próprios objetos. Você vai ver, inclusive, como é interessante fazer justamente o contrário: usar o Flash para criar e exportar conteúdo para outras aplicações. Portanto, explore ao máximo esses recursos e você estará aproveitando com muito mais eficiência o potencial que tem nas mãos. Ainda, estará aproveitando cada centavo investido na compra do programa (você pagou pelo programa, não é mesmo?).

Resumo

Neste capítulo, analisamos os recursos disponíveis para criação de conteúdo dentro do próprio Flash, tirando proveito de suas características particulares, e nos familiarizamos com as diversas opções criadas para facilitar esse trabalho.

Entendemos a maneira particular como o Flash trata as imagens em formato vetorial criadas no próprio programa e como podemos utilizar esse conceito especial para transformar em imagens idéias que, de outra forma, seriam muito mais difíceis de concretizar.

Examinamos detalhadamente como funcionam as ferramentas utilizadas para criar traços e figuras e preenchê-los com cores, padrões, gradientes ou à mão. Ainda, vimos os recursos especiais oferecidos pelo Flash para aumentar radicalmente a produtividade e a flexibilidade na criação.

Conhecemos os diversos instrumentos para trabalhar com cores no Flash e as possibilidades oferecidas por suas paletas.

Por fim, vimos como utilizar as ferramentas do Flash para controlar com muito mais facilidade o processo de criação de formas e imagens em seu ambiente de trabalho.

Questões de revisão

1. Como impedir que duas imagens sobrepostas afetem uma a outra?
2. Que recursos você pode utilizar para traçar uma linha com a pencil tool (não a line tool) e fazer com que o Flash a torne uma reta vertical exata?
3. Que atributos você pode configurar nas ferramentas para desenhar, com apenas um movimento, um círculo perfeito, sem stroke?
4. De que opções você dispõe para retocar um segmento de uma figura, com a Brush tool, sem atingir outros segmentos em volta.
5. Tendo uma palavra colorida com um gradiente, como você pode acrescentar uma nova palavra a esta mantendo o gradiente uniforme?

    Ex: Pala**nova**/Pala nova

6. Você desmontou uma palavra com o comando Break Apart e separou as letras umas das outras. Qual a maneira mais fácil de alinhá-las novamente em uma palavra?
7. Como ter certeza de que as cores que está utilizando em um trabalho para a web serão vistas por todos exatamente como você as criou?
8. Como colorir uma linha com um gradiente?
9. Mostre uma forma de reduzir o tamanho, em bytes, de uma imagem com muitas curvas.

Exercícios de revisão

1. Crie um desenho qualquer com 400x400 pixels, que inclua um triângulo, um quadrado e um círculo perfeitos e um texto qualquer que ocupe uma área semelhante. Em seguida, faça um quadrado preto, também com 400x400 px e coloque sobre ele o texto com as letras vazadas, tendo como fundo a figura.
2. Crie um cilindro prateado.

    Ex:

Capítulo 3

Objetos

Agora que já vimos como podemos criar elementos para compor nosso trabalho, passaremos a examinar a forma como os elementos podem ser manipulados. Neste quesito, mais uma vez o Flash se sai muito bem, oferecendo diversos recursos para facilitar o seu controle sobre o conteúdo do trabalho.

Os elementos a que vamos nos referir são quaisquer objetos presentes na composição de um movie, tais como, lines, fills, symbols, groups, instances, bitmaps ou texto, além de outros, como, por exemplo, objetos importados de outras aplicações que mantêm dentro do Flash uma ligação dinâmica com os programas que os criaram. Além de encontrar elementos em diversas formas, você os encontrará isolados ou agrupados ou dentro de um symbol ou de um movie clip. Vamos ver agora os recursos que o Flash oferece para que você possa selecioná-los, movê-los, transformá-los, agrupá-los, empilhá-los e até desmontá-los.

Quando falamos em manipulação de elementos no Flash podemos pensar em duas situações básicas possíveis. Ou o elemento está solto ou está de algum modo agregado. Neste sentido, quando você desenha uma figura contornada por uma linha, por exemplo, tanto a figura quanto a linha estão livres, apesar de juntas. Por outro lado, um único objeto pode estar em modo "agrupado" e, assim, será tratado de forma diferente.

Apesar de ser definido vetorialmente, um objeto separado comporta-se como um conjunto de pontos agrupados, que podem ser facilmente separados. Quando um elemento está na forma de Group, seja sozinho ou junto a outros, tudo o que está dentro do grupo é tratado como uma unidade, não podendo ser dividido sem antes ser novamente separado de alguma forma.

Quando um elemento "solto", como vimos, é selecionado, toda a sua superfície fica destacada por um quadriculado. Isto ocorre tanto com linhas como com fills. Já os objetos agrupados em forma de symbols ou groups, por exemplo, são cercados por um retângulo quando selecionados.

Arrow tool

Para deixar mais de um objeto selecionado ao mesmo tempo você pode escolher no menu File, opção Preferences (Preferências), se vai fazê-lo diretamente, ao selecionar cada um seguidamente com a ferramenta, ou se vai usar a tecla Shift quando quiser fazê-lo. O default é o último caso.

Além de usar o cursor, você pode também selecionar todos os objetos em um frame, mesmo que em diferentes layers, com o comando Select All (Selecionar Tudo), menu Edit (Editar), ou com as teclas Control+A(Windows) e Command+Shift+A(Macintosh). Note que as Layers que estiverem com a opção Lock ativada não permitirão que os elementos nela contidos sejam selecionados. O Lock é um recurso que você vai querer usar para evitar que algo seja alterado inadvertidamente. Ele pode ser usado também para elementos individuais, tais como Symbols e objetos agrupados, por meio do menu Modify (Modificar), opções Arrange, Lock (Unlock).

Repare que estamos nos referindo tanto a objetos individuais em forma de grupos quanto a grupos como objetos individuais. É importante consolidar essa noção de que o que interessa quando se manipula objetos no Flash é se trata-se de uma unidade ou de uma forma divisível. O que está agrupado é uma unidade, independentemente de ser um símbolo, um grupo de elementos, uma forma individual ou até um grupo de grupos.

Com a Arrow tool (ferramenta Seta), você tanto pode selecionar um objeto inteiro apenas clicando sobre ele quanto descrevendo um retângulo ao seu redor com o cursor. No último caso, se o retângulo traçado não cercar totalmente o objeto, acontecerá uma de duas coisas: Se for um objeto "solto" ele será cortado no ponto em que o retângulo traçado terminar, ficando a parte coberta pelo retângulo selecionada e o restante não. Se for um objeto agrupado, um symbol ou um bloco de texto, por exemplo, ele não será selecionado. Pelo contrário, se ele já estiver selecionado isto fará com que ele seja "desselecionado". Isto é importante quando você precisa separar um objeto em estado agrupado em meio a outros, pois ao mesmo tempo em que você o está selecionando está "desselecionando" os demais.

Clicando duas vezes com a Arrow tool sobre um elemento você obtém novos resultados, dependendo do objeto. No caso de uma forma contornada por uma linha você seleciona ambas ao mesmo tempo. No caso de uma linha isto permite que você selecione, além dela, todas as outras que estiverem conectadas à mesma. No caso de um elemento agrupado você vai abri-lo, como veremos com mais detalhes adiante.

Ferramenta Lasso

A Lasso tool (ferramenta Laço) permite que você selecione apenas determinada parte de uma imagem. Ela dispõe dos modificadores Polygon (Polígono) e Magic Wand (Vara de Condão). Sem modificadores, você traça livremente um caminho em torno de um elemento e tudo o que estiver dentro da área que você descreveu será selecionado. É uma ferramenta útil para trabalhar com elementos de formato irregular.

Capítulo 3 · Objetos **33**

O modificador Polygon faz tudo ficar bem mais fácil em determinados casos. Ao selecioná-lo, a Lasso tool passa automaticamente a descrever uma linha reta e, a cada vez que você clicar, ao longo do caminho, criará um ponto fixo a partir do qual poderá mudar a direção da reta. Isto permite que você trace facilmente um polígono em torno do objeto que deseja selecionar. O mais interessante é que o Flash permite que você alterne entre as duas opções, polígono ou mão livre, durante o traçado, bastando pressionar a tecla Alt (Windows) ou Option (Macintosh). Isto facilita extremamente a tarefa de contornar com precisão uma figura irregular ou de difícil acesso.

O modificador Magic Wand serve para selecionar áreas com cores semelhantes em uma imagem bitmap. Quando você clica em um ponto da imagem, apenas a região adjacente a este ponto contendo uma cor semelhante à que foi tocada com a "vara de condão" será selecionada e separada do restante. Através do ícone que se encontra ao lado da Magic Wand você abre uma janela onde pode configurar, aplicando um valor entre 0 e 200, o quão "permissiva" a Magic Wand será para incluir cores mais ou menos semelhantes à inicial na seleção. Com o valor 0 ela selecionará apenas pontos cuja cor seja exatamente igual à inicial.

Como mover elementos

Há três maneiras de movimentar um elemento no Flash. Você pode arrastá-lo com o mouse para a nova posição, usar as setas para deslocá-lo vertical ou horizontalmente ou determinar exatamente as coordenadas do ponto de destino no Object Inspector.

Ao mover um objeto usando o cursor você tem a opção de forçar uma direção que seja múltipla de 45º apertando a tecla Shift. Você também pode copiar um elemento e, simultaneamente, movê-lo para a posição desejada, clicando no original e apertando a tecla Alt (Windows) ou Option,(Macintosh). Lembre-se que você pode mover diversos objetos juntos selecionando-os todos primeiro.

> *Use a opção Snap para posicionar com precisão um elemento ou para copiar elementos alinhando-os automaticamente.*

Usando a setas do teclado, já vimos que cada toque move o elemento selecionado por um pixel, na direção da seta, quando o zoom está configurado para 100%. Com o aumento do zoom o deslocamento a cada toque se reduz proporcionalmente. Com a tecla Shift você multiplica o deslocamento a cada toque por oito. Desta forma, quando você perceber que, ao tentar posicionar um objeto, um toque na seta é demais, basta aumentar o zoom. Em 200%, o mesmo toque o deslocará pela metade da distância, 400% por um quarto dela, 50% pelo dobro e assim por diante.

Com o Object Inspector você encontra as coordenadas exatas do elemento nas caixas x (horizontal) e y (vertical). Este valor se refere, por default, à distância entre o canto superior esquerdo do movie e o canto superior esquerdo do elemento. Esta referência pode ser alterada para medir a posição a partir do centro do objeto. Use Center P no Object Inspector para fazer esta mudança. Para mover um elemento para determinada posição, entre as novas coordenadas desejadas nas caixas x e y.

> Note que estas distâncias não são medidas com relação ao ponto superior esquerdo ou central da figura em si, mas sim do retângulo que o Flash cria em torno dela.

Outra alternativa é usar os comandos Copy e Cut (Cortar), seguidos de Paste (Colar) para mover objetos. Você pode copiar ou cortar um elemento em um local, seja a área de trabalho, uma Scene, uma Layer ou outro movie, e colá-lo em outro local. Copiar ou cortar um elemento e colando-o em seguida faz com que ele seja posicionado no centro da área de trabalho. Mas há outra opção extremamente útil quando se trabalha com o Flash – comando Paste in Place (Colar no Lugar). Com ela acionada, através do menu Edit, comando Paste in Place ou com as teclas Ctrl+Shift+V, você cola o objeto copiado ou cortado exatamente na mesma posição original. Veremos mais tarde que, no Flash, muitas vezes você vai precisar sobrepor elementos iguais ou substituir um objeto por outro exatamente igual, na aparência, mas com outras características. E eles vão precisar estar exatamente na mesma posição, para que durante a animação a mudança não provoque uma descontinuidade. O comando Paste in Place é uma maneira de fazer isso.

> Você pode cortar um elemento simplesmente para tirá-lo da frente por um instante, enquanto edita algo que esteja por baixo. Corte-o e depois use o comando Paste in Place para repô-lo no lugar. Tome cuidado para não copiar ou cortar outro elemento antes de recolocar o anterior, pois, se seu computador só suporta um elemento de cada vez na Área de transferência (Clipboard), ao copiar o segundo o primeiro será perdido.

Quando você copia elementos de outra aplicação para dentro do Flash, a forma como eles vão chegar depende da aplicação original. Um texto copiado de um editor de textos chegará na forma de texto normal. Uma imagem vetorial virá em forma de Group e poderá ser editada normalmente no Flash. Já um bitmap terá a forma de um bloco único, também agrupado.

O Flash possui um recurso importante para transformar um bitmap em uma imagem vetorial. Este recurso é acionado através do menu Modify, opção Trace bitmap. Veremos detalhes sobre este recurso mais adiante neste mesmo capítulo.

Com o Transform Inspector, você pode criar uma cópia transformada de um objeto. Quando você seleciona um objeto e aciona o Transform Inspector, pode aplicar as transformações desejadas, como veremos mais adiante neste capítulo e, em seguida, clicar no botão Copy do Inspector. Uma cópia do objeto transformado será criada e o original permanecerá intacto.

O comando Paste pode ser configurado de diversas formas. Ao selecionar a opção Paste Special, disponível no Windows, no menu Edit, você abrirá uma caixa de diálogo com as seguintes configurações:

- **Source (Origem)** – Mostra a localização do objeto.
- **Paste** – Efetua o comando Paste.
- **Paste Link** – Cria um link para o programa que gerou o objeto, permitindo que sempre que ele for atualizado externamente a atualização possa ser feita automaticamente em seu arquivo Flash.
  - ➤ **As** – Aqui você escolhe o que quer incluir.
  - ➤ A opção **Object** permite incluir junto ao conteúdo importado os dados necessários para sua edição.. É um recurso poderoso do Windows. Ao editar o objeto dentro do Flash você abre a aplicação original com todos os seus recursos e faz as alterações desejadas sem precisar sair do programa.
  - ➤ A opção **Picture (Metafile)** insere uma imagem já convertida para um formato que pode ser editado no Flash.
  - ➤ Escolhendo **texto (ASCII)** você cola um texto puro, sem formatação. Selecionando o formato de origem de um texto você poderá editá-lo com a aplicação original.

Finalmente, a opção **Flash Drawing (Desenho do Flash)** serve para colar um elemento copiado do próprio Flash.

- **Display as Icon (Exibir como Ícone)** – Deixa o objeto na área de trabalho com a forma de um ícone. O ícone pode ser alterado com a opção Change Icon (Modificar Ícone), que surge quando Display as Icon é selecionado.
- **Result (Resultado)** – Informações sobre o que está sendo feito.

Para apagar um elemento, use as teclas Delete ou Backspace ou, então, o menu Edit, opção Clear (Limpar). Lembre-se que apagar um elemento qualquer o elimina da área de trabalho, mas apagar uma Instance de um Symbol não elimina o Symbol original, que permanece disponível na Library. Só é possível eliminar um Symbol apagando-o dentro da Library.

Outras operações

Durante seu trabalho você terá necessidade de manipular os objetos existentes, ajustando-os à suas necessidades. Naturalmente, há várias maneiras de se obter um mesmo resultado. O Flash pode ser tão excitante quando começamos a dar os primeiros passos que, muitas vezes, temos a tendência a querer "queimar etapas" para chegar logo aos resultados. O que acontece é que mais tarde vamos perceber que teria sido possível chegar a resultados até melhores e de forma ainda mais rápida se tivéssemos parado para experimentar alguns recursos que deixamos de lado. Procure sempre fazer este 'investimento" em seu aprendizado, parando para simplesmente experimentar o que acontece quando você tenta usar esta ou aquela opção sem ter necessariamente que chegar a um determinado resultado. Uma vez dominados alguns macetes, com certeza eles serão utilizados inúmeras vezes posteriormente, compensando o tempo e a paciência que custaram para serem aprendidos.

Vamos ver agora, por exemplo, ações que você pode aplicar sobre elementos já existentes, lidando com eles de forma eficiente. Vejamos como funciona a sobreposição de elementos e como administrá-la.

Como já comentamos, elementos dispostos em diferentes Layers ficam isolados uns dos outros. Um dos recursos mais úteis do Flash é exatamente a capacidade de definir que objeto ficará sobreposto a outro. Para definir isso você simplesmente pega a barra da Layer em que se encontra um elemento e a arrasta para uma posição acima da de outro, na ordem em que se encontram na Timeline, e ela passará a ficar por cima do último. Assim, quando você introduzir elementos que vão aparecer sempre ao fundo de uma imagem, como um background, por exemplo, insira uma Layer abaixo de todas as outras e coloque-o ali. Tudo o mais que for colocado em outras Layers ficará sempre por cima deste. Do mesmo modo, para que um objeto nunca seja encoberto por qualquer outro basta inseri-lo na primeira camada.

> Um recurso muito interessante que pode ser usado em animações é fazer com que um objeto dê a volta em torno de outro, por exemplo. Para isso, o mesmo objeto terá que estar à frente e depois atrás do segundo em determinado momento. A dica é fazer com que o objeto que se movimenta mude de Layer em determinado instante. Se ele passou pela frente do segundo, no momento em que for passar atrás copie-o e cole-o em outra Layer, posicionada abaixo da do segundo, exatamente na mesma posição em que estava (use o comando Paste in Place). Depois, continue com ele normalmente na trajetória original e coloque um keyframe (quadro-chave) vazio na Layer original, para que o anterior desapareça e o novo tome o seu lugar com uma continuidade perfeita. Os detalhes sobre como fazer isto serão vistos mais adiante. Estamos apenas apresentando um exemplo de como os elementos se sobrepõem em diferentes Layers.
>
> Quando você estiver fazendo suas animações e quiser produzir um efeito como este basta consultar este livro e tirar quaisquer dúvidas (use um "bookmark":).

No entanto, muitas vezes você terá mais de um elemento em uma mesma Layer. Vejamos como funciona a ordem em que eles se sobrepõem neste caso. Primeiramente, o que conta é a ordem em que os objetos são criados. Objetos recém-criados vão se sobrepondo aos já existentes quando dispostos sobre estes. Em seguida considere que elementos soltos, como linhas e fills sempre ficam atrás de elementos agrupados, como Groups, Symbols, caixas de texto etc. Assim, quando você quiser trazer um elemento desagrupado para o topo da "pilha" basta agrupá-lo e transformá-lo em um Symbol, pois estando nesta condição e tendo sido criado por último ele terá prioridade sobre todos os demais. Finalmente, você pode definir a ordem de sobreposição entre os elementos agrupados com os comandos Bring to Front (Trazer para Frente) ou Send to Back (Enviar para Trás) do menu Modify, opção Arrange, que trazem o objeto selecionado para o topo ou o enviam para baixo de todos respectivamente. Ainda, pode usar as opções Move Ahead (Mover para Frente) ou Move Behind (Mover para Trás), no mesmo menu, para movê-los, respectivamente, uma posição abaixo ou acima na ordem.

Capítulo 3 · Objetos

O Flash proporciona diversas maneiras de transformar os elementos já existentes e criar novos elementos baseados naqueles que já existem. Para redimensionar um objeto, por exemplo, aumentando ou diminuindo suas dimensões enquanto mantém determinadas proporções, você pode usar o Modificador Scale, arrastando a parte do objeto que quiser modificar até o tamanho desejado. Ou pode entrar diretamente com as dimensões finais no Transform Inspector. No caso de usar o cursor, quando você arrasta o canto do objeto ele tem a altura e a largura aumentadas simultânea e proporcionalmente. Se você o arrastar por um dos lados ele redimensionará apenas este lado, mantendo a outra dimensão intacta.

É importante notar que os objetos agrupados são redimensionados em relação a seu registration point (ponto de registro), um ponto de referência que serve exatamente para controlar transformações e posicionamentos. Por default, este ponto fica no centro do objeto, mas você pode alterá-lo através do menu Modify, opção Transform, Edit Center, arrastando a pequena cruz que o representa para a posição desejada. Lembre-se que objetos soltos são sempre transformados tendo como referência o canto superior esquerdo, pois não possuem um registration point.

Do mesmo modo que redimensiona um objeto, você pode girá-lo, tendo como base seu registration point. Com o cursor, você seleciona o Rotate Modifier (Modificador de Rotação) e gira o objeto arrastando um de seus cantos. Para aplicar uma rotação por um ângulo determinado, entre com o valor no Transform Inspector. Valores positivos giram o objeto no sentido horário, e negativos no sentido anti-horário. Para alguns tipo de rotação existem comandos específicos, encontrados no menu Modify, opção Transform. Os comandos Rotate Left e Rotate Right giram o objeto selecionado por um ângulo de 90º para a esquerda e para a direita, respectivamente. Os comandos Flip[1] Horizontal e Flip Vertical imprimem ao objeto uma rotação em forma de rebate em torno de seu próprio eixo, horizontal e vertical, respectivamente.

Se, em vez de usar o canto do objeto para girá-lo, você arrastar um de seus lados, vai fazer com que ele se incline em relação a seus eixos. Este recurso, chamado de Skew (Torcer) no Flash, permite criar um efeito interessante. Ele dá a impressão visual de que o objeto está se deitando na tela, criando uma ilusão de 3 dimensões. Para obter este efeito através de valores numéricos basta selecionar a opção Skew, no Transform Inspector, e entrar com os valores dos ângulos na horizontal e na vertical.

Outro recurso do Flash que pode ajudar a poupar bastante tempo e trabalho são os controles para alinhamento de imagens. Através da janela de Alinhamento, que se abre com o menu Modify, você pode alinhar dois ou mais objetos vertical ou horizontalmente, escolhendo que ponto dos objetos será usado como referência para isto, seja pela borda, pelo centro, pele base etc. Estas opções podem ser combinadas para atingir diversas possibilidades de alinhamento diferentes. É o tipo de recurso em que vale a pena investir um pouco de tempo para conhecer melhor, pois quando você estiver em plena atividade, no meio de um trabalho interessante, com a criatividade afluindo intensamente, vai ser ótimo poder aplicar de uma vez o alinhamento exato que você precisa em determinado momento, sem ter que parar para ficar tentando descobrir como funcionam as diferentes combinações ou perdendo tempo inventando "gatilhos" para improvisar alinhamentos.

---

[1] Movimento rápido

Outra possibilidade que pode ajudar muito em alguns casos é usar a opção Align (Alinhar) para redimensionar objetos de forma que fiquem exatamente do mesmo tamanho. Selecione dois ou mais objetos e escolha a opção para equalizar a largura, a altura ou ambos, e todos os elementos selecionados passarão a ter as mesmas dimensões do maior deles.

Você pode ir mais além, contornando esta condição de alinhar pelo maior, da seguinte forma: Crie um novo objeto, do tamanho que você quer dar a todos os outros. Selecione todos os outros simultaneamente e reduza-os até que fiquem todos menores que o novo. Agora que este é o maior de todos, basta redimensioná-los todos juntos e depois eliminar o novo.

Como agrupar e separar elementos

Como vimos anteriormente, há uma diferença fundamental entre a forma como o Flash trata elementos que estão no modo agrupado e os que estão "soltos" na área de trabalho. Qualquer elemento sozinho ou qualquer conjunto de elementos pode passar ao modo agrupado, bastando ser transformado em um Group através do menu Modify, opção Group, ou em um Symbol, com a opção Convert to Symbol (Converter para Símbolo) do menu Insert.

Não é possível editar diretamente um Group. Uma forma de fazê-lo seria simplesmente desagrupá-lo através do menu Modify, comando Ungroup (Desagrupar). Com isso, todos os objetos que o compõem passam a ficar separados, do mesmo modo em que se encontravam quando foram agrupados. No entanto, você precisará selecioná-los e agrupá-los novamente para voltar à situação anterior.

A maneira mais eficiente de editar um Group, porém, é através do comando Edit Selected, no menu Edit, ou simplesmente clicando duas vezes sobre o Group. Este método faz com que o Group se abra para edição e todos os demais elementos da área de trabalho, que não fazem parte do Group, fiquem congelados, sem que possam ser selecionados. Desta forma, você edita o Group normalmente, como se não estivesse agrupado. O processo não interfere com os demais elementos e, ao terminar, clicando duas vezes em algum ponto fora do Group, este volta automaticamente ao seu estado original.

Outra maneira de separar elementos agrupados é através do comando Break Apart. Com ele você desmancha toda a estrutura que mantém os elementos do grupo interligados, transformando-os em linhas, fills e outlines.

Ao contrário do comando Ungroup, que age apenas sobre Groups, este comando pode ser aplicado sobre qualquer tipo de objeto agrupado, como Instances, blocos de texto, bitmaps e outros objetos importados de outras aplicações.

É importante tomar cuidado ao usar o comando Break Apart porque ele pode ter efeitos irreversíveis. Ele faz com que as ligações de um objeto importado com a aplicação original sejam desfeitas e com que um symbol deixe de sê-lo. Um movie clip, por exemplo, ficará reduzido ao único frame que aparece no momento do comando. Isto pode ser útil se seu objetivo for exatamente desfazer um symbol para utilizar seus componentes sem afetar suas demais instâncias.

Se você aplica o Break Apart sobre um texto ele se transforma em um outline das letras, não podendo voltar mais tarde ao formato original de fonte. Isto pode ser feito quando você quer aplicar algum efeito especial sobre as letras, como um gradiente. Mas note que, para manter o arquivo final com o menor tamanho possível, o Flash usa apenas um exemplo de cada fonte utilizada dentro do movie criado. Quando você transforma um texto em outlines ele inclui uma definição individual para cada ocorrência de cada letra, o que aumenta o tamanho final do movie.

Por fim, este comando pode transformar bitmaps em fills, permitindo que eles sejam usados com as ferramentas de desenho e pintura, conforme já verificamos

Imagens importadas

Como já vimos, é possível trazer elementos de outras aplicações para serem utilizados na composição de seu movie. Com relação a imagens, você pode obtê-las através de um scanner ou importar arquivos de imagem criados por outro programa. Veremos como trabalhar com esses elementos e fazê-los conviver com os que são criados pelo próprio Flash.

Já vimos, também, que o Flash cria imagens vetoriais e pode lidar também com imagens em formato bitmap. É possível importar imagens nos dois formatos.

Uma boa opção é usar o programa Freehand, da própria Macromedia, que também cria imagens vetoriais. Ao serem importadas para o ambiente de trabalho do Flash elas se comportarão como objetos criados internamente. Chegarão como Groups, bastando que sejam desagrupados para serem manipulados como se fossem nativos.

Você pode, também, importar um vídeo em formato QuickTime. Cada frame do vídeo corresponderá a um frame do movie e você poderá aplicar sobre o movie, como um objeto em si, todos os recursos disponíveis no Flash. Poderá, por exemplo, criar uma animação (em vídeo) dentro de outra animação, em Flash. Além disso, existe a opção de fazer o contrário, produzindo seu movie e transformando-o em um vídeo QuickTime.

Ao importar uma imagem no formato bitmap, você tem diversos recursos à disposição. Primeiro, tem, na library window, uma janela de propriedades do bitmap (acionada pelo botão Properties ou pela opção Properties do menu Options da library), onde você pode, além de verificar as informações sobre o arquivo, aplicar antialiasing para melhorar a imagem, atualizá-la (caso seja uma imagem importada, mantendo sua ligação com o programa original) ou testar o resultado da compressão que a imagem terá ao ser usada no Flash. Pode, também, definir as configurações de exportação, caso queira exportar a imagem.

Outra possibilidade proporcionada pelo Flash é manter transparências que venham com o bitmap. Quando uma imagem for composta por uma seqüência de imagens, como em uma GIF animada, por exemplo, o Flash tem a opção de importar automaticamente cada uma delas e posicioná-las em frames separados. Para isso, basta que tenham sido salvas com nomes em seqüência numérica.

Quando a imagem possui diferentes layers, o Flash também se encarrega de separar cada uma em sua própria layer na Timeline. Ao importar um bitmap você ainda pode preferir manter sua ligação com o programa original que o criou, usando o comando Paste Special. Assim, caso você queira editar a imagem em algum momento, poderá usar o programa de origem sem precisar sair do ambiente de trabalho do Flash.

Para criar uma versão em formato vetorial de um bitmap, você usará o comando Trace Bitmap, do menu Modify, que abre uma janela com as seguintes opções:

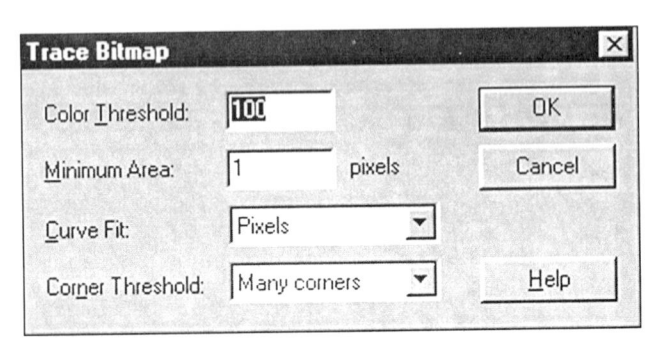

Color Threshold (Limite de Cor) – Aqui você escolhe o quão exigente quer ser quanto à semelhança entre as cores que deverão ser selecionadas. Com valores mais altos, o Flash transforma cores semelhantes em uma mesma cor no formato vetorial. Quanto menor o threshold, mais cores serão criadas para representar as variações existentes no bitmap original.

Minimum Area – Aqui você define quantos pixels, em torno de cada pixel da imagem original, serão considerados na definição da cor que ele terá na versão em formato vetorial.

Curve Fit – Ajusta a precisão com que os contornos que serão criados acompanharão o formato original.

Corner Threshold (Limite de Canto) – Define o quão arredondados serão os cantos da imagem original.

Você usará a configuração que melhor se ajustar a cada caso. Algumas vezes, é necessário tentar manter a maior fidelidade possível ao original. Em outras, você poderá usar este recurso para alterar a imagem de uma forma determinada. Lembre-se que quanto maior a precisão da transformação, um maior número de informações será criado para representar o gráfico vetorial que está sendo criado. Isto faz com que seu tamanho fique maior e também com que o processo de transformação exija mais memória e capacidade de processamento para ser realizado, o que pode tornar esta operação muito lenta.

Segundo o manual, para criar um gráfico vetorial que se assemelhe ao máximo ao bitmap original você deve entrar os seguintes valores: Color Threshold=10, Minimum Area=1 pixel, Curve Fit=Pixels, Corner Threshold=Many Corners.

Conforme já mencionamos, é possível usar a imagem de um bitmap para pintar imagens no Flash. As possibilidades de uso deste recurso também são grandes.

Um bitmap chega no Flash como um bloco compacto de pontos que formam a imagem. Quando você desfaz a "cápsula" do bitmap com o comando Break Apart, ele continua como um bloco único. Se você tentar jogar uma cor sobre uma parte dele com o paint bucket, por exemplo, ele será inteiramente colorido, não apenas a parte pretendida. Mas, após abri-lo, é possível copiar uma amostra de sua imagem com a dropper tool e aplicá-la onde quiser com a ferramenta Brush ou a ferramenta Paint Bucket (balde). Então, é possível usar os transformadores do paint bucket para alterar o fill aplicado. Você pode, ainda, selecionar partes da imagem com a Magic Wand. Com isso, essas partes selecionadas poderão ser alteradas isoladamente.

Resumo

Demos, aqui, mais um passo no sentido de dominar a grande quantidade de recursos disponíveis para a criação de um Flash movie ao analisarmos as diversas maneiras de lidar com os objetos que compõem o trabalho.

Fizemos um exame das ferramentas disponíveis para manipular os objetos e das operações que podem ser efetuadas sobre eles.

Anteriormente, vimos como gerar conteúdo para a composição de um movie. Neste capítulo, vimos como adaptá-lo às nossas necessidades. Examinamos, também, como introduzir objetos importados no ambiente de trabalho e utilizá-los da forma mais eficiente, de acordo com suas características específicas.

Dispor destas informações permite que você possa utilizar toda a flexibilidade oferecida pelo Flash e trabalhar com o máximo de eficiência.

Questões de revisão

1. Quais os dois estados básicos em que um objeto pode se encontrar no Flash?
2. Quais as duas ferramentas que podem ser utilizadas para selecionar um elemento?
3. Que recurso pode ser utilizado para proteger um objeto, evitando que ele seja acidentalmente alterado?
4. Quais as duas alternativas para selecionar mais de um objeto ao mesmo tempo e como configurar esta opção?
5. Como fazer com que a ferramenta Laço alterne seu modo de ação de livre para polygon durante o traçado?
6. Que mecanismo você pode utilizar para editar um elemento solto que esteja encoberto por um outro em estado agrupado, sem risco de alterar suas posições?
7. Quais os riscos de usar o comando Break Apart?
8. Como é possível criar, dentro do Flash, uma versão em formato vetorial de uma imagem em bitmap?
9. Como testar o percentual de compressão que um bitmap receberá ao ser incluído no movie final?

Exercícios de revisão

1. Importe um arquivo bitmap para a área de trabalho e troque a cor de seu fundo.
2. Crie cinco instâncias de uma palavra (FLASH, por exemplo), escritas cada uma com uma fonte diferente (em tamanho 24). Faça com que elas fiquem alinhadas horizontalmente, à esquerda, e verticalmente, pela base, e preencha-as com um gradiente linear composto pelas cores preto e laranja.
3. Agora, faça com que a imagem fique "deitada", como no exemplo a seguir.
4. Exporte uma imagem criada no Flash com os formatos GIF e JPEG, importe-as de volta para o Flash, transforme-as novamente em formato vetorial e compare-as com a original.

CAPÍTULO 4

Texto

Todos os recursos básicos para formatação de texto estão presentes no Flash e alguns mais sofisticados. Veremos cada um destes recursos detalhadamente neste capítulo.

Mas o que o Flash apresenta de mais interessante no que se refere à utilização de textos é, em primeiro lugar, a possibilidade de aplicação de qualquer tipo de transformação e animação disponíveis para outros objetos e de permanecer possível editá-los como texto. Um bloco de texto é tratado pelo Flash da mesma maneira com que são tratados objetos agrupados. E, assim, quando o comando Break Apart é aplicado sobre um bloco de texto formado com determinado tipo de fontes, ele torna-se uma imagem "solta", composta de lines e fills, podendo ser editado exatamente como as demais formas neste estado.

O segundo recurso especial disponível é o que permite a criação de textos que podem ser editados pelo usuário durante a apresentação do movie. Veremos, inclusive, como textos podem ser manipulados como variáveis, abrindo um enorme leque de possibilidades para o desenvolvimento de conteúdo interativo e efeitos especiais.

Fontes

É importante saber como o Flash lida com fontes. Quando o Flash cria o movie que será apresentado, ele inclui neste todas as informações a respeito das fontes que fazem parte dele. Mas, dependendo da fonte que for utilizada, o texto pode não ser reproduzido adequadamente em outras plataformas ou até mesmo em uma mesma plataforma quando uma determinada fonte utilizada não estiver instalada no sistema.

O Flash trabalha com fontes do tipo PostScript, TrueType e bitmap. Normalmente, você não encontrará problemas para utilizar a fonte que quiser, mas uma forma de saber se está usando uma fonte adequada é acionando a opção Antialias, no menu View. Quando acionada, esta opção faz com que as fontes ganhem uma boa definição, corrigindo o efeito "dentado" nas bordas. Este efeito também pode ser mantido durante a apresentação do movie com a opção High Quality (Alta Qualidade), como veremos mais tarde.

Em última instância, o Flash dispõe de três tipos de fontes especiais, chamadas device fonts (fontes de dispositivo), que permitem que o computador do usuário selecione em seu sistema a fonte mais parecida com a usada no movie. Elas são a _sans, a _serif e a _typewriter. Elas são uma boa opção para a apresentação de textos longos, onde a funcionalidade pode ser mais importante que uma estética mais atraente, e o antialiasing pode ser dispensado. Isto permite, também, que você obtenha uma significativa redução no tamanho, em bytes, do movie. Finalmente, se você aplicar o comando Break Apart sobre um bloco de texto, transformando-o em imagem, não terá mais qualquer problema de compatibilidade entre sistemas, mas o tamanho do movie irá aumentar.

Lembre-se que somente fontes do tipo TrueType podem ser transformadas em imagens, com o comando Break Apart, e editadas como tal. A exceção é para a plataforma Macintosh que, dispondo do programa ATM, permite que o Flash edite também fontes PostScript. Fontes bitmap simplesmente desaparecem quando recebem o comando Break Apart.

Texto

Com a Text tool você insere dois tipos de texto em seu trabalho. Um campo normal, cujo texto será apenas exibido no movie conforme formatado, ou um campo de texto editável, que pode ser alterado pelo usuário ou dinamicamente, durante a apresentação do movie.

Um campo de texto normal pode ser de dois formatos. No primeiro, todo o texto que você for digitando vai se estender para a direita em uma única linha. Para criar um campo deste tipo, apenas clique com a Text tool no local desejado e comece a escrever. Você só terá novas linhas se inserir manualmente uma quebra de linha, com a tecla enter. Este tipo pode ser identificado por um handle circular no canto superior direito. No segundo tipo, você define a largura desejada para o texto e novas linhas são criadas conforme o texto atinge a margem direita. Para criar um campo deste tipo, você arrasta o cursor com a Text tool até a largura pretendida e depois passa a digitar normalmente em seu interior. Neste caso, o campo apresentará um handle quadrado no canto superior direito.

Você transforma um campo do primeiro tipo em um do segundo tipo arrastando o handle para a largura desejada e transforma o segundo tipo no primeiro clicando duas vezes no handle.

Um campo de texto editável pode ficar à disposição do usuário para ser preenchido ou pode ser usado para apresentar informações que mudam dinamicamente.

Capítulo 4 · Texto

Um text field (campo texto) terá sempre uma variável associada a ele, cujo nome você deverá definir ao criar o campo. Se você não escolher os nomes, o Flash criará automaticamente os nomes TextField1, TextField2, 3, 4 etc. Com este nome você poderá usar uma Action (Ação), a linguagem de Script do Flash, para definir qualquer texto para o campo, bastando determinar através da Action que esse texto será o valor da variável. Ou seja, o campo ficará na posição determinada e o texto que ele apresentará poderá mudar sempre que o texto atribuído à variável pelo script mudar.

Um Text field é criado através do modificador Text Field da Text tool.

[ab|]

Quando você cria um Text Field ele apresenta o mesmo handle quadrado do campo normal de largura definida, mas no canto inferior direito. Para transformar um campo normal em um Text Field basta selecioná-lo e clicar o modificador Text Field.

Para definir as propriedades de um Text field você usa o menu Modify, opção Text Field, abrindo uma janela com as seguintes opções:

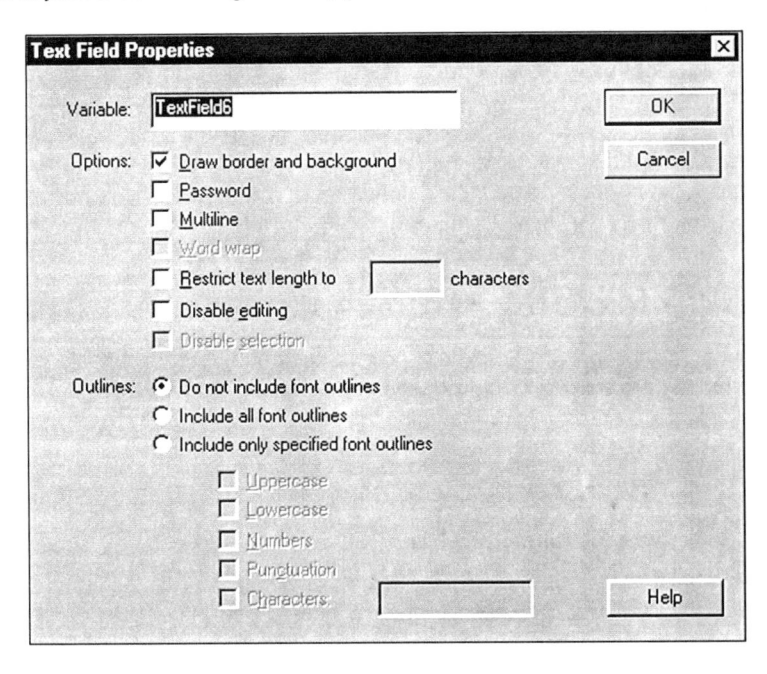

Text Field Properties

Variable: [TextField6]   OK

Options: ☑ Draw border and background   Cancel
           ☐ Password
           ☐ Multiline
           ☐ Word wrap
           ☐ Restrict text length to [   ] characters
           ☐ Disable editing
           ☐ Disable selection

Outlines: ● Do not include font outlines
           ○ Include all font outlines
           ○ Include only specified font outlines
              ☐ Uppercase
              ☐ Lowercase
              ☐ Numbers
              ☐ Punctuation
              ☐ Characters: [   ]   Help

Variable (Variável) – Aqui é determinado o nome da variável.

Draw Border and Background (Desenhar Borda e Fundo) – Selecionando esta opção, o campo apresentará uma borda traçada ao seu redor e um fundo branco. Sem ela o campo será transparente. *Você pode definir um campo transparente e criar separadamente o fundo que quiser.*

Password (Senha) – Essa opção faz com que o texto digitado pelo usuário apareça como asteriscos e não possa ser copiado ou cortado.

Multiline – Permite quebras de linha durante o preenchimento. Se não for selecionada, o texto continuará se estendendo para a direita em uma única linha, ao ser inserido, mesmo que haja espaço abaixo no campo.

Word wrap - Faz com que o texto inserido se ajuste à largura do campo, efetuando quebras automáticas de linha ao atingir o limite.

Restrict Text Length To ... Characters (Restringir Comprimento do Texto a ... Caracteres) – Determina o número máximo de caracteres que o usuário conseguirá inserir. Se não for selecionada, qualquer quantidade de texto poderá ser inserida.

Disable Editing (Desabilitar Edição) – Com essa opção selecionada o usuário não consegue alterar o texto.

Disable Selection – Impede que o texto seja selecionado pelo usuário.

Outlines – Quando você seleciona essa opção, inclui no movie os outlines das fontes definidas para o campo, de forma que quando o usuário inserir o texto, este aparecerá com a fonte predefinida. Você pode restringir os outlines incluídos a letras maiúsculas (Uppercase), letras minúsculas (Lowercase), números (Numbers), pontuação (Punctuation) ou caracteres (Characters), para reduzir o tamanho do movie.

Edição de texto

Clicando com a Text tool em um bloco de texto ou arrastando o cursor com ela sobre um texto você abre o bloco para edição. Clicar duas vezes sobre ele com a Arrow tool tem o mesmo efeito.

Como em um editor de texto, você pode configurar as seguintes características:

Fonte – Você pode selecionar uma fonte dentre as que estão disponíveis em seu sistema, considerando as restrições discutidas neste capítulo. Pode selecionar também o tamanho, a cor e os estilos bold (negrito) e italic (itálico). Use, para, isso os modificadores da Text tool. Com o menu Modify, Font, além dessas opções, você pode selecionar os formatos Superscript e Subscript e também desativar o kerning (sobreposição parcial de duas letras) (ativado por default) e o espaço total entre as letras. No menu Modify, Kerning você pode aumentar ou diminuir este espaço, tendo ainda a opção reset (restaurar), para recuperar o nível original.

O espaçamento entre as letras pode ter também valores negativos. Os valores possíveis vão de –60 a 60.

Para aplicar um gradiente ou uma imagem em bitmap a uma fonte você deverá usar antes o comando Break Apart, a partir do qual o caractere deixará de ser uma fonte, tornando-se uma imagem.

Parágrafo – Com o modificador Paragraph, bem como através do menu Modify, Paragraph, você pode ajustar as margens esquerda e direita separadamente, o recuo e o espaçamento entre as linhas, com os dois últimas aceitando também valores negativos (-720 a 720).

Alinhamento – O modificador Alignment (Alinhamento) oferece as opções de alinhar o texto à esquerda, à direita, ao centro ou justificado.

Resumo

Neste capítulo, analisamos o que é possível fazer com textos no Flash. Vimos em detalhes os recursos convencionais para edição de texto e como os recursos de transformação e animação do Flash podem ser aplicados a blocos de texto.

Finalmente, examinamos os recursos para criação de textos que podem ser editados pelo usuário durante a apresentação do movie e que podem ser associados a variáveis e manipulados dinamicamente por meio da linguagem de script do Flash.

Questões de revisão

1. Que tipo de transformação disponível para objetos do Flash podem ser aplicadas a blocos de texto?
2. Das três formas seguintes em que um texto pode ser apresentado em um movie, quais as que criam o maior e o menor arquivo (em bytes) para um mesmo texto?
   - Fonte normal com outline incluído
   - Device fonts
   - Fontes em forma de imagens

3. Como se transforma um bloco de texto comum em um text field?
4. Como é possível alterar dinamicamente o conteúdo de um campo de texto?

Exercícios de revisão

1. Como no Exercício 3 do Capítulo 3, escreva a palavra "FLASH" em 5 tipos de fonte diferentes, alinhe-as, "incline-as" sem aplicar o gradiente e então edite-as, escrevendo a palavra SHOCKWAVE no lugar de FLASH.
2. Crie o layout básico de um formulário para que o usuário atualize um banco de dados contendo os seguintes campos e nomes de variáveis:
   - Login
   - Senha
   - Departamento
   - Assunto
   - Relatório
3. Formate este formulário inserindo um fundo colorido para os campos e fazendo com que ele mostre uma fonte de tipo diferente do default, na cor vermelha, quando for preenchido pelo usuário.

Capítulo 5

Layers

Agora que já temos uma visão completa de como podemos criar, ou obter externamente, os recursos para o desenvolvimento de um Flash movie e de como lidar com esse recursos, vamos começar a ver os métodos através dos quais esses recursos podem ser alocados da maneira mais eficiente.

Já nos referimos às layers anteriormente e vimos que objetos posicionados em diferentes layers ficam separados logicamente uns dos outros.

Layers, como a própria tradução do nome diz, são camadas. A timeline tem como dimensão horizontal os frames, distribuídos em sequência ao longo do tempo, e as layers são sua dimensão vertical. Ou seja, em cada frame você tem uma ou mais layers sobrepostas e cada layer possui um ou mais frames distribuídos em uma seqüência ao longo do tempo.

Vemos essa camadas como lâminas transparentes extremamente finas, que ficam sobrepostas na ordem que desejarmos. O conteúdo de cada lâmina será visto no contexto das demais lâminas e dos objetos que elas contém. Ou seja, um objeto que esteja em uma layer abaixo da layer em que se encontra um outro objeto será ocultado total ou parcialmente por este, caso haja segmentos de ambos em uma posição comum.

As regiões vazias de uma layer são completamente transparentes e tudo o que estiver em outras layers inferiores será visto normalmente, como se não houvesse nada por cima. Caso o objeto posicionado na layer acima seja transparente, por exemplo, o que está na layer abaixo poderá ser visto através dele.

Quando um novo movie é criado possui apenas uma layer. Você criará novas layers sempre que necessário, usando o menu Insert, comando Layer, ou clicando no ícone com o sinal de + , localizado na timeline, abaixo de todas as layers. A nova layer será inserida acima da layer que estiver selecionada no momento da criação.

As layers recebem um nome padrão, de acordo com a ordem em que são criadas, formado pela palavra Layer seguida de um número correspondente a essa ordem. É muito importante procurar manter as layers com nomes que ajudem a identificá-las. Isto pode facilitar muito seu trabalho. Para mudar o nome de uma layer clique duas vezes sobre o mesmo e insira o nome desejado.

Para modificar a posição de uma layer em relação às outras e, conseqüentemente, o posicionamento do seu conteúdo em cima ou embaixo de outras, você simplesmente arrasta a layer com a Arrow tool para a nova posição. Este é um recurso que você precisará usar muitas vezes. Tenha sempre em mente que você tem o controle total sobre o que está "na frente" e o que está atrás.

Em uma animação, por exemplo, se você tem a figura A posicionada em uma layer acima de uma figura B, poderá fazer com que um objeto C passe na frente de ambas, posicionando-o em uma layer acima das outras duas; poderá fazer com que ele passe a se deslocar por trás de ambos, pegando sua layer com o mouse e passando-a para uma posição abaixo das outras duas na timeline e poderá fazer com que o objeto C passe entre o A e o B, mudando sua layer para uma posição entre as layers dos outros dois. No último caso, como o objeto A está em uma layer acima da layer em que se encontra o objeto B, ao posicionarmos a layer em que se encontra nosso objeto C entre as duas ele passará por trás do objeto A e pela frente do objeto B. Se quisermos que aconteça o contrário, ou seja, que o objeto C passe na frente do objeto A e por trás do objeto C, basta que coloquemos a layer em que se encontra o objeto C em uma posição acima da layer do objeto A e a layer do objeto C entre as duas. Observe que não importa se existam outras layers entre elas. Passar uma layer para uma posição imediatamente superior à de uma outra ou diversas posições acima terá o mesmo efeito relativo entre as duas.

É importante notar, também, que você pode e deve usar quantas layers forem necessárias para organizar suas imagens e animações, pois a quantidade de layers não afeta o tamanho final de um movie.

Controles

Vejamos, a seguir, os controles disponíveis para utilização das layers. Procure experimentar cada recurso, agora ou retornando a este capítulo mais tarde quando sentir necessidade, pois, como nos demais recursos do Flash, há sempre pequenos detalhes criados justamente porque se fazem necessários em diversas situações e que podem evitar perda de tempo e esforço ou mesmo viabilizar um efeito aparentemente impossível.

Capítulo 5 · Layers

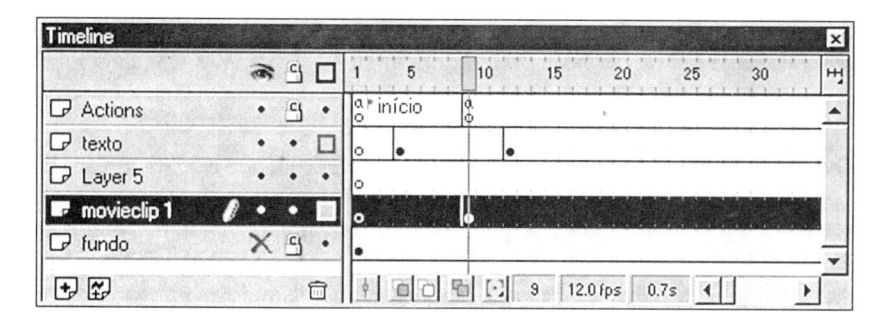

Somente uma layer fica ativada de cada vez. Você pode selecionar mais de uma layer simultaneamente, usando a tecla Shift, mas apenas uma estará ativada e pronta para edição. A layer que está ativada fica preta e recebe o ícone de um lápis. Para selecionar uma layer você tem três opções: A primeira é simplesmente clicar em seu nome na timeline. A segunda é selecionar um objeto na área de trabalho. A layer em que ele estiver posicionado será selecionada automaticamente. A terceira é clicar em algum frame na timeline. Isto também fará com que a layer correspondente seja ativada.

Os três controles principais que você tem sobre uma layer são:

- **Visibilidade** – Na coluna que tem um olho como ícone você pode fazer com que uma layer fique invisível. Clique no ponto correspondente a essa coluna ao lado do nome da layer selecionada e um X vermelho aparecerá, indicando que a layer está invisível. Clique no X e ela voltará a ficar visível. Note que este recurso faz com que o conteúdo de uma layer torne-se invisível apenas na área de trabalho. No movie ele continuará aparecendo normalmente.

  Se você clicar no ícone do olho, fará com que todas as layers tornem-se visíveis ou invisíveis simultaneamente. Você pode aplicar este comando em uma série de layers seguidas de uma só vez clicando no ponto ou no X e arrastando o cursor por outras layers ao longo da coluna. Finalmente, pode fazer com que todas as layers, menos a escolhida, tornem-se invisíveis clicando nesta enquanto aperta a tecla Alt (Windows) ou Option (Macintosh).

  Este recurso de invisibilidade temporária é muito útil quando você está com a área de trabalho ocupada por mais de um objeto e deseja tirar alguns de vista temporariamente para facilitar o trabalho. O recurso comentado anteriormente – cortar um objeto que está na frente de outro para que seja possível editar o segundo e depois colar o primeiro de volta na mesma posição – não será necessário se eles estiverem em layers diferentes. Você vai simplesmente tornar a layer do objeto que está na frente invisível, editar o outro e, depois, devolver a visibilidade ao primeiro.

- **Proteção** – A segunda coluna, com o ícone do cadeado, serve para trancar layers, impedindo que se seu conteúdo seja alterado.

  Quando você estiver trabalhando com diversos objetos, posicionados em layers diferentes, certamente vai querer deixar as layers que não estão sendo usadas trancadas, evitando alterações acidentais.

Como no caso da visibilidade, você tranca e destranca layers clicando no ponto ou no cadeado ao lado do seu nome e pode efetuar o comando simultaneamente em todas as layers, clicando no ícone acima da coluna ou usando a tecla Alt (Option), ou em mais de uma clicando e arrastando o cursor ao longo da coluna.

- **Outlines** – A terceira coluna permite que você faça com que o conteúdo de uma layer seja visto como um outline, com uma cor específica para aquela layer. Esse é um recurso muito útil, pois permite que você identifique rapidamente em que layer um objeto está posicionado.

Ao selecionar esta opção, clicando no ponto da terceira coluna ao lado do nome da layer, um quadrado colorido surgirá e todos os objetos contidos nesta layer passarão a ser mostrados como outlines, da mesma cor do quadrado. Os recursos para aplicação simultânea deste comando em múltiplas layers, clicando no ícone do quadrado acima e usando as teclas Alt ou Option, também estão disponíveis.

Clicando duas vezes no ícone de uma layer, que fica à esquerda do nome, você abre uma caixa de diálogo onde todas as propriedades da layer podem ser configuradas. Nesta caixa podem ser selecionadas opções que vamos analisar a seguir, que determinam se uma layer terá um conteúdo normal, se seu conteúdo será um Guide (Guia), se será guided (guiado), se será um Mask (Máscara) ou se será masked (mascarado).

Além destas, há opções nesta caixa para selecionar a cor do outline usado para a layer e para aumentar sua altura em 200 ou 300%.

Use, portanto, quantas layers você desejar para que seu trabalho fique mais organizado. Manipule as layers para trabalhar em cima de um objeto sem se preocupar com os demais e para controlar a visualização do trabalho, localizando elementos e desobstruindo a visão do conteúdo quando for necessário.

Guide layers

Você pode fazer com que uma layer torne-se um tipo especial, chamado Guide layer.

Uma Guide layer serve como auxiliar para o trabalho e não aparece no movie. Nela você pode criar referências visuais para ajudar na montagem do movie em outras layers.

Como veremos mais tarde, uma Guide layer pode ser usada para conter a trajetória que um objeto animado descreverá. Neste caso, ela será um motion guide (guia de movimento) e outras layers que a usarem como tal serão definidas como "guided". Você verá que, traçando-se uma linha com qualquer formato em uma motion guide layer, um objeto em sua guided layer poderá ser posicionado sobre esta linha auxiliar e segui-la automaticamente durante a animação. No movie, apenas o objeto aparecerá, com a linha contida na Guide layer permanecendo invisível.

Capítulo 5 · Layers **53**

Para fazer com que uma layer se torne uma Guide layer você pode usar, como vimos, a caixa de diálogo que se abre ao clicar duas vezes no ícone da layer.

Comece a utilizar este recurso e você descobrirá como é difícil passar sem ele. Você poderá traçar a estrutura de um layout, por exemplo, deixá-la como uma guide layer abaixo de todas as demais layers. Assim, a cada nova layer que for criada você terá a estrutura ao fundo como referência para posicionamento dos objetos. Sempre que quiser visualizar rapidamente o resultado final, você poderá torná-la invisível.

Mask layers

Agora, veremos um recurso muito interessante do Flash, o uso de Mask layers.

Uma Mask layer é uma layer que esconde outras layers abaixo dela, que estejam definidas como masked. Ao contrário de uma layer comum, ela é opaca, ocultando o conteúdo de suas masked, exceto sob os objetos que forem posicionados nela própria. Os objetos colocados em uma masked layer funcionarão como buracos através dos quais aparecerá o conteúdo das masked layers abaixo. O restante é ocultado. Ou seja, se você desenhar um círculo e um quadrado na Mask layer, tudo o que estiver nas masked layers abaixo desta será ocultado, exceto o que estiver sob a área do círculo e do quadrado.

O mais importante é que o conteúdo da Mask layer pode ser animado e transformado dinamicamente, mostrando as áreas das masked layers abaixo enquanto se desloca ou modifica.

Este recurso é muito utilizado para criar o efeito de uma luz spot que, conforme se desloca sobre uma superfície escura, "ilumina" as áreas por onde passa.

O importante é saber que a Mask layer funciona como máscara e a Masked layer recebe a máscara.

Para utilizar uma mask layer siga estes passos:

- Escolha, na layer que receberá a máscara, que partes deverão aparecer e que partes deverão ser ocultadas. Esta será a masked layer.
- Crie uma nova layer imediatamente acima desta. Esta será a mask layer.

- Na nova layer, a mask, desenhe uma forma que cubra as áreas que deverão aparecer e que deixe descobertas as áreas que deverão ficar ocultas na masked layer.
- Agora, basta clicar duas vezes no ícone da nova layer e selecionar a opção Mask. Ela se tornará uma mask layer e a layer abaixo dela se tornará automaticamente sua masked.

Na Mask layer, não importa a imagem do objeto que formará o buraco. Só o que importa é seu formato. Independentemente de cor, transparência ou qualquer característica da imagem, o buraco será sempre totalmente transparente e terá a forma do contorno do objeto.

Como vimos, uma mesma Mask layer pode ser aplicada sobre mais de uma layer. Para acrescentar outras layers sobre uma Mask layer existente, você pode inserir a nova layer imediatamente abaixo dela ou selecionar uma layer existente e deslocá-la para esta posição. A layer que está imediatamente abaixo de uma série de masked layers também pode tornar-se uma masked layer, através da caixa de diálogo do ícone da layer, bastando selecionar a opção Masked.

A idéia é que, abaixo de uma Mask layer, podem haver quantas masked layers forem necessárias, mas sempre em sequência. Se uma delas voltar a ser uma layer normal ela deverá ser retirada da seqüência, ou todas as que se encontrem abaixo dela também voltarão ao normal.

Para que uma masked layer volte a ser uma layer normal você pode usar a caixa de diálogo do ícone da layer ou simplesmente movê-la para uma posição acima da posição ocupada pela Mask layer.

Resumo

Neste capítulo, pudemos compreender o poderoso conceito de layers, que permite manter um espaço independente para cada objeto, ao mesmo tempo em que todos convivem no mesmo espaço visual.

Analisamos os recursos disponíveis para administrar de forma intuitiva o posicionamento relativo de objetos, controlando com facilidade sua distribuição ao longo do trabalho.

Vimos, ainda, como criar efeitos especiais de maneira simples utilizando os diferentes tipos de layers disponíveis.

Questões de revisão

1. Para dois objetos posicionados em diferentes layers, como fazer com que aquele que está atrás passe a ficar à frente do outro?
2. Se você, ao terminar o trabalho, esquecer algumas layers no estado invisível, o que acontecerá no movie final?
3. Como fazer com que todas as layers, exceto uma determinada, tornem-se invisíveis ao mesmo tempo?

4. Suponha que seu trabalho contenha dezenas de layers. Como fazer para localizar imediatamente na área de trabalho o objeto contido em uma delas?
5. Qual a melhor posição na Timeline para manter uma Guide layer que será usada como referência visual para o posicionamento de objetos em todas as outras: acima de todas, exatamente no meio ou abaixo de todas?
6. O que acontece se você aplicar uma transparência de 50% ao objeto que está na Mask layer? E se você trocar a cor deste objeto?
7. Se você já tem uma layer no estado masked, como fazer com que uma outra layer já existente passe a usar a mesma Mask layer da primeira?

Exercícios de revisão

1. Em um novo movie escreva a palavra FLASH, torne-a do tamanho da tela do movie(default=550X400) e centralize-a vertical e horizontalmente.

   A seguir, crie uma nova layer e posicione-a abaixo da primeira.

   Na segunda layer, desenhe um retângulo vermelho, torne-o do tamanho da tela do movie e centralize-o.

   Depois, crie outras quatro layers iguais à segunda (com o retângulo vermelho cobrindo toda a tela).

   Aplique uma cor diferente para o retângulo em cada uma das quatro.

   Transforme a primeira layer em uma Mask layer.

   Torne cada uma das quatro layers que permaneceram normais em masked, e *tranque cada uma delas*.

   Se você fez tudo certo, estará vendo a palavra FLASH em vermelho sobre fundo branco.

   Agora, torne a segunda layer invisível.

   Torne as layers abaixo invisíveis, uma por uma, e observe o resultado.

Capítulo 6

Símbolos e instâncias

Veremos, agora, como utilizar um dos recursos mais poderosos do Flash, os Symbols.

Um symbol é um tipo especial de objeto, que fica disponível na Library para ser utilizado no seu trabalho sempre que for necessário.

Você pode usar quantas instâncias quiser de um symbol, sem que isto aumente o tamanho final do movie. O Flash inclui no movie apenas uma cópia do symbol e reproduz logicamente essa mesma cópia quantas vezes ela aparecer.

Um symbol serve como base para um objeto. Você cria instâncias dele e as utiliza como são ou transformadas individualmente. O mais importante é que, ao mesmo tempo em que você pode fazer transformações individuais em cada instância criada do symbol, quando você fizer uma alteração no symbol base, todas as instâncias existentes ao longo do movie serão automaticamente atualizadas.

Quando você acrescenta um novo objeto em seu trabalho, este pode ser uma simples imagem ou texto que aparecerá uma única vez no movie. Neste caso, não há razão para que este objeto seja um symbol. Mas, em muitos casos, você usará um objeto mais de uma vez ou então fará com que esse objeto se torne um tipo especial, como um button (botão) ou um movie clip. Nos dois últimos casos, o objeto terá necessariamente que ser um symbol.

Assim, você decidirá de que tipo será seu symbol no momento de sua criação.

Tipos de symbols

- **Graphic (Gráfico)** – Um graphic é um symbol estático. Você poderá usá-lo nos casos em que quiser reaproveitar uma imagem ou texto. Um graphic pode ser composto por um ou mais frames e layers. Se você tiver uma sequência de frames na timeline de seu movie que deseje reproduzir em outras partes dele, poderá transformá-los em um graphic e aplicá-lo onde for necessário. Por ser estático, um graphic composto por mais de um frame deverá ocupar o mesmo número de frames na timeline do movie principal para ser exibido integralmente. A cada frame do movie principal será exibido um frame do graphic.

- **Button** – Um button, como a tradução do nome diz, é um botão, que pode desencadear uma ação em função de um evento, iniciado pelo usuário do movie, tal como um clique, uma passagem do cursor por cima dele ou sua retirada de cima, por exemplo. Veremos que um button pode conter imagens diversas, dependendo de seus diferentes estados e, também, que cada Instance de um button symbol pode ser configurada para desencadear uma ação em particular.

- **Movie clip** – Um movie clip é um pequeno movie que pode ser inserido no movie principal. Ele possui sua própria timeline e pode conter tudo o que um movie principal contém. Na verdade, você pode transformar qualquer Scene de um Flash movie em um movie clip e usá-lo dentro de um outro. A utilidade do movie é, primeiro, que ele é inserido em um único frame do movie principal. Se o movie principal ficar parado neste frame, por exemplo, o movie clip poderá continuar rodando por si só. E, segundo, como veremos mais tarde, um movie clip pode ser manipulado de diversas maneiras através de Actions, a linguagem de script do Flash.

É importante notar que symbols podem ser compostos também por outros symbols.

Normalmente, você usará graphics para compor buttons e movie clips. Mas poderá também incluir um button em um movie clip, ou fazer o contrário, criar um button animado usando um movie clip como um de seus estados, por exemplo.

Symbols animados são muito úteis para a criação de animações que se repetem. Quando vemos um Flash movie na Internet que mostra uma animação se repetindo enquanto ele carrega, esta animação é um movie clip que fica em loop[1] enquanto o movie principal fica em compasso de espera pelo término do carregamento. Mesmo uma simples luz que fique piscando em algum ponto do movie deverá ser composta de um pequeno movie clip.

Qualquer objeto na área de trabalho pode ser transformado em um symbol e ser editado à vontade depois disso, e você pode criar um novo symbol a partir do zero.

Para transformar um ou mais objetos em um symbol, você os seleciona na área de trabalho e aplica o comando Create Symbol, do menu Insert, ou simplesmente aperta a tecla F8. Uma caixa de diálogo se abrirá, onde você deverá inserir um nome para o symbol e escolher se ele será um graphic, um button ou um movie clip. Se você não der um nome específico para seu novo symbol o Flash lhe dará automaticamente o nome de Symbol 1, Symbol 2, Symbol 3 etc.

---

[1] Que retorna à posição inicial.

Capítulo 6 · *Símbolos e instâncias*

Você poderá também criar uma cópia de um symbol para usá-la como base para um outro. Para isto, você pode selecionar o symbol original na Library window e aplicar o comando Duplicate (Duplicar), do menu Options dessa janela.

> *Note que seu trabalho poderá ficar bastante complicado se você deixar o Flash ir nomeando dessa forma seus symbols. Um movie pode chegar a ter centenas de symbols e mesmo com muito menos do que isso você pode começar a se confundir quando precisar lidar com eles. Você se verá muito bem recompensado mais tarde, se tiver paciência para criar para cada symbol um nome com que você possa identificá-lo com facilidade. Lembre-se também que você pode alterar os nomes dos symbols a qualquer momento.*

Assim que um novo symbol é criado, ele passa automaticamente a fazer parte da Library do movie.

Para criar um novo symbol a partir do zero você usa o mesmo comando Create Symbol do menu Insert, ou a tecla F8, mas sem selecionar objeto algum antes.

Ao criar um esse novo symbol, o Flash passa automaticamente para o modo symbol-editing (edição de símbolo). Nesse modo especial você terá, no lugar da timeline do movie, a timeline particular do seu symbol. Nesta área você poderá desenvolver o novo symbol e quando quiser voltar para a área de trabalho principal poderá usar o comando Edit Movie, do menu Edit.

Como já vimos, você poderá criar quantas instances de um symbol quiser e todas elas receberão automaticamente todas as mudanças que forem aplicadas a seu symbol original.

É muito importante compreender com clareza o conceito de instances de um symbol. Como o nome indica, cada instance é uma instância particular de um symbol. Como tal, ela pode receber diversas transformações e continuar sendo apenas uma ocorrência do symbol original. É preciso fazer a distinção entre uma instância e uma cópia de um symbol, pois uma cópia é um symbol independente, que tem seu próprio nome e pode ter suas próprias instances.

Veremos adiante que uma instance de um symbol pode ter determinadas propriedades alteradas, podendo ser transformada até mesmo em sua própria natureza, passando a se comportar como um outro tipo de symbol (graphic, button ou movie clip), por exemplo, sem deixar de ser uma ocorrência do symbol original. Essas alterações não afetarão nem o symbol original nem outras instances deste.

Mas veremos também que, para alterar algumas características de uma instância, será necessário fazer com que ela seja desvinculada do symbol original.

Para criar uma nova instance de um symbol, você seleciona o symbol na Library window, clica em sua imagem na janela superior desta janela e arrasta-o para a área de trabalho.

Lembre-se que, para introduzir um novo elemento em um determinado frame do movie, é necessário que este frame possua um keyframe. Se não houver um keyframe definido no frame desejado, quando você inserir o novo elemento na área de trabalho ele passará a fazer parte do primeiro frame à esquerda, na timeline, que possua um keyframe. Tome cuidado com isso, porque você poderá ver o objeto posicionado na área de trabalho mesmo que ele não faça parte do frame em que você estiver trabalhando. Isto ocorre porque um objeto posicionado em um keyframe continua aparecendo nos frames seguintes, enquanto não houver um novo keyframe onde alguma mudança ocorra. Portanto, quando quiser inserir um objeto em um frame, ou em uma layer de um frame, que não seja um keyframe, insira antes um keyframe na layer e no frame desejados selecionando o quadrado correspondente a eles na timeline e aplicando o comando Insert Keyframe, do menu Modify, ou apertando a tecla F6.

Com isso você passa a dispor de uma nova instance do symbol escolhido, que manterá todas as características do symbol original enquanto não receber alguma alteração.

Quando você tem diversas instances de um symbol na área de trabalho, poderá confundi-las umas com as outras. Para verificar as características particulares de uma determinada instance você pode selecioná-la e consultar o Object Inspector, que reside com o os demais Inspectors no menu Window. Ele vai lhe informar todos os detalhes disponíveis.

Buttons

Vamos ver agora, com detalhes, um tipo muito especial de symbol, os buttons.

A função principal de um button é executar uma determinada ação quando o usuário interagir com ele, de alguma forma, através do cursor.

A característica principal de um button é que ele possui quatro estados diferentes, que podem ser formatados independentemente, nos quais o button vai se apresentar dependendo da situação.

Como veremos mais tarde com detalhes, o Flash possui uma poderosa linguagem de programação, que permite controlar o comportamento de um movie e, com isso, criar diferentes recursos de interatividade com o usuário. Um button é o principal recurso que você pode utilizar para criar a interface através da qual o usuário poderá interagir com seu movie.

Agora veremos como criar um button com seus diferentes estados. Mais tarde, quando falarmos sobre interatividade, examinaremos as ações que um button pode executar e os eventos que podem desencadeá-las.

Um button possui, como todo symbol, sua própria timeline. No entanto, sua timeline é diferente das outras. Ela possui apenas quatro frames, um para cada estado específico.

Capítulo 6 · Símbolos e instâncias 61

Apesar da timeline ser especial, pode comportar quantas layers forem necessárias para você criar um button da forma que você quiser.

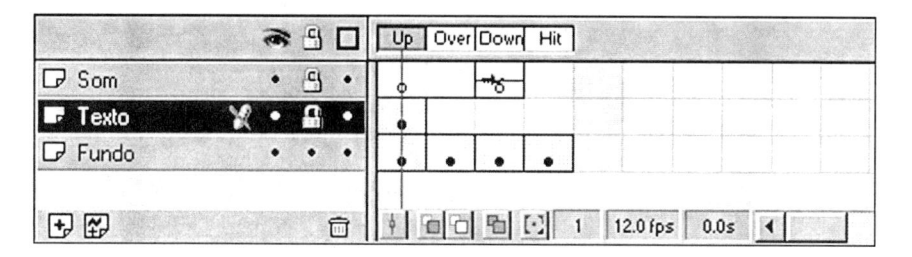

Os quatro estados de um button:

- Up (Levantado) – O primeiro state (estado) de um button é o que aparece quando ele está inativo.
- Over (Sobre) – O segundo estado é o que o button apresenta quando o mouse está sobre sua área.
- Down (Abaixo) – O terceiro estado é o que o botão mostra quando recebe um clique sobre sua área.
- Hit (Toque) – O quarto estado tem uma natureza diversa dos demais. A figura definida nele determina a área sobre a qual o mouse responde às ações do mouse. Esta figura não aparece no movie.

Desta forma, ao criar um button você tem que definir a imagem que ele terá ao aparecer no movie, ou seja, o Up state. Se você quiser que o button mude a aparência quando o mouse estiver sobre ele, insira um keyframe no frame Over e transforme a imagem da forma que desejar. Se quiser que o seu button apresente uma forma diferente quando receber um clique, insira um keyframe no frame Down e altere-o à vontade.

Finalmente, no quarto state, você pode definir a área sobre a qual o mouse passará a ativar o button. Se você deixar este state em branco o button, só será ativado quando o mouse estiver sobre as partes preenchidas da imagem do button. Se o button for um texto sem fundo, por exemplo, quando o mouse estiver entre as letras, ou sobre suas áreas vazias, ele perderá o contato com o button. Assim, definindo o Hit state como uma área que cubra toda a imagem você garante que o button será sempre ativado quando o mouse estiver sobre ele.

Não se esqueça que você pode usar outros symbols para compor um button, contanto que não seja um outro button. Se quiser, pode usar um movie clip como o Up state, por exemplo. Seu movie vai ficar mostrando a animação do movie clip enquanto o button não for ativado pelo mouse. Se você colocar um movie clip como o Over state, a animação será ativada quando o mouse for colocado em cima da área do mouse e assim por diante.

Você pode também incluir um som, que será tocado quando o button estiver em determinado estado. Se quiser que o seu button emita o som de um clique quando for apertado, por exemplo, insira uma nova layer na timeline do button, crie um novo keyframe no frame do Down state, selecione um arquivo de som na Library window (arrastando-o para a área de trabalho), acione o comando Frame, no menu Insert e selecione o som escolhido na guia Sound (Som).

O Flash dispõe do comando Enable Buttons (Ativar Botões), no menu Control, que faz com que durante a edição os botões existentes na área de trabalho reajam às ações do mouse. É um recurso útil quando você quiser testar rapidamente o funcionamento de button que esteja criando, por exemplo. Com esta opção ativa, sempre que você colocar o mouse sobre o button na área de trabalho o cursor mudará para uma mãozinha, indicando um button ativo, e você não poderá selecionar o button com o cursor. Neste caso, se quiser manter a opção Enable Buttons ativada, você pode usar o botão direito do mouse e o Context menu correspondente para selecionar e editar normalmente o button.

Quando terminar de criar o novo button, ele estará disponível na Library window para ser usado no movie em quantas instances você quiser.

Edição

Veremos, agora, os recursos disponíveis para a edição de symbols e suas instances na área de trabalho do Flash.

Vamos ver primeiro as três diferentes opções para edição dos symbols propriamente ditos que, como vimos, vai se refletir em todas as suas instances.

O primeiro modo de edição é o chamado symbol-editing mode. É uma área de trabalho específica para edição de symbols, que se abre quando você seleciona o symbol que vai editar e aciona a opção Edit Symbol, do menu Edit, ou seleciona-o na Library window e aciona o comando Edit do menu da Library.

Neste modo de edição você passa da área de trabalho principal para a área de edição do symbol, substituindo a timeline principal pela timeline deste e mantendo todas as ferramentas e outros recursos de edição normais. O nome do symbol que está sendo editado aparece acima da timeline, no lado esquerdo, à direita do nome do local ou do objeto em que está contido. Se ele faz parte do movie principal você verá à esquerda de seu nome o nome da Scene em que se encontra. Se ele for parte de um outro symbol você verá à esquerda de seu nome o nome daquele outro symbol e à esquerda deste o nome do local ou objeto em que o outro está contido e assim por diante. Assim, se o symbol estiver dentro uma cadeia de symbols você verá acima da timeline toda a sucessão de objetos nos quais ele está contido.

Capítulo 6 · Símbolos e instâncias

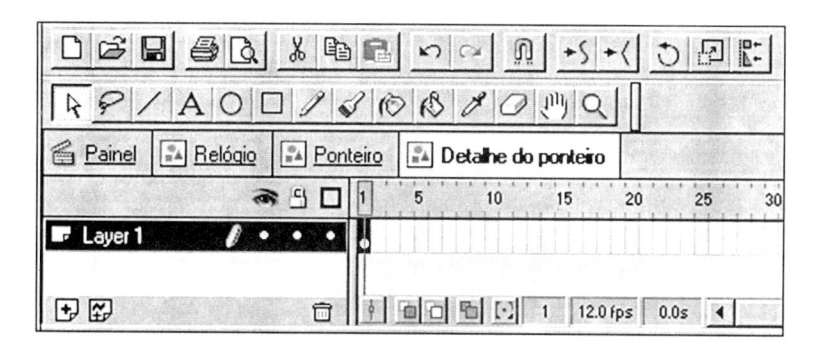

Clicando no nome de um dos symbols na sequência, você passa para a área de edição deste, fechando as de todos os symbols que estão contidos nele (à direita, na sequência). Desta forma, clicando no nome da Scene do movie original você sai do symbol-editing mode e retorna à área de trabalho normal.

Outra opção para retornar à área de trabalho principal, neste caso, é selecionar a opção Edit Movie, no menu Edit.

O segundo modo de edição de symbols é bastante parecido com o primeiro. É a opção Edit in New Window, acessada através do Context Menu (botão direito do mouse ou Control-click, no Macintosh).

Neste modo, você passa para o mesmo symbol-editing mode do anterior, mas em uma nova janela, mantendo aberta a janela original. Isto permite que você mantenha o symbol aberto no modo de edição enquanto volta a outras áreas de trabalho, alternando à vontade entre elas.

Você também pode abrir o symbol-editing mode em uma nova janela clicando duas vezes no symbol na Library window.

O terceiro modo de edição é um recurso que eventualmente vai se tornar muito importante em seu trabalho. É o que permite que um symbol seja editado na própria área de trabalho, na posição em que se encontra. Este modo de edição é acionado através do Context Menu, com a opção Edit in Place.

Quando você ativa esta opção, substitui a timeline original pela timeline do symbol, e todos os demais objetos da área de trabalho ficam esbranquiçados e inacessíveis, permitindo distinguir com facilidade o que faz parte do symbol em edição e evitando que os demais objetos interfiram na operação.

Um exemplo da utilidade deste recurso é o caso em que você está criando um symbol que vai utilizar áreas ocupadas por outros objetos, com um movie clip que se movimenta pela tela ou um button que se expande ao ser ativado. Se você editá-los no symbol-editing mode, não terá como ver a posição dos componentes do symbol em relação aos demais objetos na área de trabalho nem determinar o posicionamento exato do symbol no contexto dos demais. Editar o symbol em seu lugar permite essa visão geral.

Vimos as formas de editar symbols originais, efetuando alterações que se refletem em todas as suas instances. Vejamos, agora, as opções para editar instances, de modo que apenas elas recebam a alteração, sem afetar nenhum outro objeto.

Apenas algumas propriedades particulares de uma instance podem ser configuradas sem que o vínculo com o symbol original seja quebrado. Para alterar características que afetem o symbol original você deverá antes desvinculá-las de seu symbol, usando o comando Break Apart.

Você pode entender o conceito de uma instance com sendo um conjunto de propriedades aplicadas sobre um symbol, ou seja, como a roupagem que é criada para um personagem. Assim, uma instance de um determinado symbol pode ser transferida para um outro symbol, como se você tirasse o figurino de um personagem e o vestisse em um outro.

Você pode configurar uma instance aplicando-lhe uma transformação de formato, como um redimensionamento ou uma torção, aplicar efeitos de cores tingindo-a de outra cor (tint), alterando seu brilho (brightness) e seu grau de transparência (alpha), definir Actions que serão desencadeadas através dela e, ainda, como já comentamos, definir um novo comportamento (Behavior) para ela, fazendo com que um graphic se comporte como um button ou de um movie clip, um movie clip se comporte como um button ou um graphic ou um button como um graphic ou um movie clip.

Transformações no formato de uma instance são efetuadas como em qualquer objeto. Deve-se apenas lembrar sempre que alterações eventualmente feitas no symbol original vão se refletir normalmente na instance transformada.

Outras alterações nas propriedades de uma instance são realizadas através da caixa de diálogo Instance Properties, acessada através do menu Modify, opção Instance.

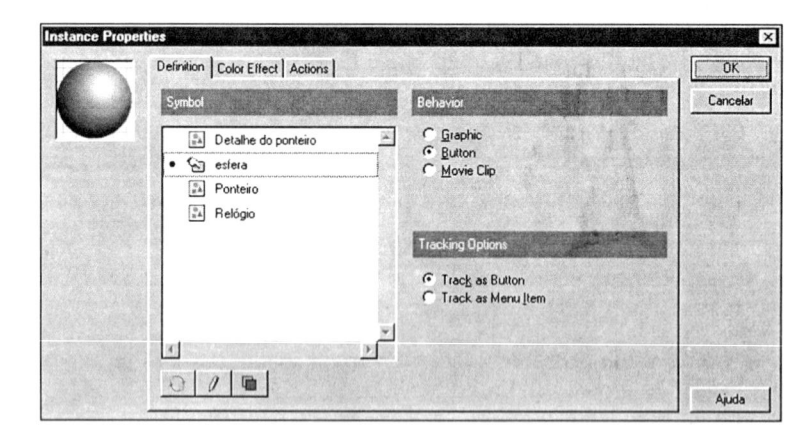

Capítulo 6 · Símbolos e instâncias

Na guia Color Effect (Efeito de Cor) desta caixa de diálogo você tem a opção de alterar as propriedades de cores da instance com as seguintes opções:

- Brightness – Aumenta ou reduz o brilho, variando de –100% (preto) a 100% (branco).
- Tint – Aplica uma nova cor sobre a original. Você tem a opção de escolher a cor a ser usada na paleta de cores ou clicar na cor desejada na caixa de cores. Após selecionar uma cor você pode escolher a intensidade com que esta será aplicada sobre a original na opção Tint Amount (Quantidade de Tinta). Um valor 0 não terá efeito algum e um valor 100 substituirá totalmente a cor original pela nova.
- Alpha – Define o grau de transparência em uma faixa que vai de 0 a 100. O valor 100 mantém o original e o 0 torna a imagem completamente invisível.
- Special – Nesta opção você escolhe individualmente os valores de vermelho (red), verde (green) e azul (blue), além do alpha, para compor a cor a ser aplicada. Há duas colunas. Na coluna da esquerda você define um valor percentual a ser aplicado a cada opção e na coluna da esquerda um valor constante a ser acrescentado ao valor existente da opção. O valor existente é transformado de acordo com o percentual escolhido e acrescido do valor constante aplicado, resultando no novo valor para a opção.

Esta é a única maneira possível de alterar simultaneamente a cor e a transparência de uma instance.

Na guia Definition você encontra, além do symbol selecionado, uma lista de todos os demais symbols disponíveis. Dos três botões abaixo à esquerda, o primeiro (switch - troca) serve para você transferir a instance (propriedades) para outro symbol. Selecione o symbol de destino na lista e "vista-o" com as propriedades da instance clicando neste botão. O segundo botão (edit) leva-o ao symbol-editing mode para edição do symbol original. O terceiro (duplicate — duplicar) serve para criar uma cópia exata do symbol original.

No lado direito da caixa de diálogo você tem a opção para mudar o comportamento da instance.

No caso de um graphic que contenha mais de um frame, você pode selecionar uma opção de Playing (Exibição) mode para a seqüência de frames. A opção loop faz com que todos os frames sejam exibidos seguidamente, enquanto outro evento não ocorrer. Na opção Play Once (Uma vez), como o nome já diz, os frames serão exibidos em seqüência apenas uma vez e pararão quando o último for apresentado. Selecionando a opção Single Frame (Quadro Único), apenas um frame será exibido.

Na caixa First Frame você estabelece a partir de que frame a sequência será exibida.

Na configuração das propriedades de um button, você terá a opção normal Track as a button e a opção Track as Menu Item. Esta segunda opção é usada para a criação de menus pop-up, que abrem e fecham automaticamente de acordo com um evento do mouse. Neste caso, você terá os botões do menu, com seus próprios eventos associados, sobrepostos a um botão de fundo que aciona o fechamento do menu quando o cursor sai de cima dele. Assinalar a opção track as menu item aos botões principais faz com que o Flash reconheça a situação e não permita que o botão de fundo interfira com eles.

Por fim, uma instance de um movie clip tem como opção receber um nome próprio, que será usado para referenciá-la através da ActionScript, como veremos mais tarde.

A terceira guia da caixa de diálogo Instance Properties, a guia Actions, é justamente onde button instances recebem os comandos de ActionScript que lhe ficarão associados. Veremos esses comandos em detalhes mais adiante, em outro capítulo.

O último recurso para trabalhar com symbols que veremos neste capítulo será a possibilidade de utilizar symbols provenientes de outros movies já existentes. Você vai reparar que se a library window do movie em que você estiver trabalhando estiver aberta e você abrir outro movie ou passar para algum que já esteja aberto, ela não se fechará, permanecendo aberta sobre a área de trabalho do movie recém-aberto. Na verdade, você pode manter abertas quantas Library windows quiser sobre a área de trabalho de um movie.

Para usar no movie em que você está trabalhando um symbol existente em um outro, você pode simplesmente abrir a Library window do outro na área de trabalho do atual, selecionar o symbol desejado e arrastá-lo para a área de trabalho. Ao fazer isto, o symbol continua fazendo parte da Library do movie original e passa a fazer parte, também, da Library do atual.

Na verdade, para abrir a Library window de outro Flash movie na área de trabalho do movie em que você está trabalhando não é necessário abrir o outro movie. Existe o comando Open as library, no menu File, através do qual você seleciona um arquivo Flash (.fla) já existente e, em vez de abri-lo inteiramente, para acessar sua Library, você abre apenas a sua Library window.

Caso já exista algum symbol na Library do movie atual com o mesmo nome de um symbol trazido de outro movie, o Flash mudará o nome do recém-chegado, acrescentando um número a seu nome original para diferenciá-lo do já existente. Na versão 3 do Flash isto não ocorria. O Flash simplesmente mantinha o symbol de mesmo nome já existente e não incluía o novo. Mas, quando um symbol que continha em si outros symbols com nomes já existentes localmente era trazido, ele passava a usar automaticamente os symbols já existentes no movie local no lugar dos originais. Você imagina a confusão que isto poderia causar?

Certa vez eu estava desenvolvendo um projeto para o site da web de um Haras. Eu tinha em um movie clip que continha a palavra manga-larga, em forma de graphic symbol, que entrava voando na tela. Em outro movie, tinha um bitmap da foto de um cavalo manga-larga em um symbol com o mesmo nome. Quando eu trouxe o movie clip do texto para o movie que tinha o symbol do cavalo foi ele quem entrou voando na tela.

Resumo

Neste capítulo, fizemos uma análise completa de um dos mecanismos mais poderosos do Flash, a utilização de componentes de um movie na forma de Symbols e Instances.

Compreendendo o conceito existente por trás desta metáfora, vimos como utilizar com eficiência este recurso para conferir agilidade e flexibilidade ao desenvolvimento do trabalho, ao mesmo tempo em que otimizamos o desempenho de um movie em seu formato final.

O capítulo examinou em detalhes as características específicas de cada tipo de symbol e como eles podem ser criados e editados de forma a se integrarem com perfeição ao trabalho.

Vimos, também, detalhadamente, todos os recursos disponíveis para explorar com a máxima eficiência a utilização de Instances de Symbols na agilização e otimização do trabalho.

Questões de revisão

1. Quais os três tipos de Symbols que podem ser criados no Flash?
2. Qual a diferença entre uma animação em forma de Graphic Symbol e a mesma animação em forma de Movie clip Symbol?
3. Por que a timeline de um Button Symbol é diferente das outras?
4. Quais são os três modos de edição de Symbols?
5. Quando a área de trabalho está em um frame que não possui um keyframe, o que acontece se um novo Symbol é criado?
6. Dos quatro estados de um Button Symbol, quantos precisam necessariamente ser criados? (Dica: nenhum é obrigatório.)
7. Como é possível alterar simultaneamente as propriedades de cor e de transparência de uma Instance de um Symbol?
8. Qual o único tipo de Symbol que não pode conter um Symbol de seu mesmo tipo em sua composição?
9. Qual o meio mais simples de inserir um Symbol de outro Flash Movie em seu movie atual?
10. É possível trocar o Symbol original de uma Instance por outro Symbol, mantendo suas propriedades? Em caso afirmativo, como fazê-lo?

Exercícios de revisão

1. Crie um novo Symbol no formato graphic, dê-lhe o nome de graph e desenhe um pequeno círculo vermelho em seu primeiro frame. A seguir, selecione o segundo frame do Symbol na timeline, insira nele um keyframe e mude para verde a cor do círculo neste frame.

   Volte para o movie principal e crie um movie clip exatamente da mesma forma, dando-lhe o nome de clip.

No movie principal, abra a Library window, pegue o dois symbols e coloque-os lado a lado na área de trabalho.

Teste o movie.

Agora, volte à área de trabalho do movie, selecione o segundo frame da timeline e acione o comando F5 para criar um novo frame do movie.

Teste novamente e observe o resultado.

2. Crie mais três Instances de cada um dos Symbols na área de trabalho e mude os tamanhos de modo a ficar com oito círculos de tamanhos diferentes.

Teste novamente o resultado.

3. Abra o Symbol "clip" para edição e troque a cor verde por azul.

Volte, então, ao movie e teste-o novamente para ver o resultado.

4. Abra a janela de instance properties de uma das instances do "graph" e selecione a opção Single Frame.

Teste o resultado.

5. Abra o Symbol "clip" para edição, selecione o segundo frame e acione a opção Frame do menu Modify.

Na caixa de diálogo que se abre selecione a guia Actions.

Clique no sinal de + , selecione o comando Stop e clique em OK.

Volte ao movie principal e teste novamente para ver o resultado.

CAPÍTULO 7

Animação

Chegamos, agora, àquela que talvez seja a parte mais interessante (e talvez a mais importante) do Flash – criação de animações.

Temos trabalhando todo o tempo, até agora, a partir do fato de que um trabalho desenvolvido em Flash é um movie, ou seja, um filme. Isto está ligado diretamente ao conceito de seqüências de imagens e, portanto, de animação. Na verdade, é possível criar um Flash movie estático, da mesma forma como é possível filmar uma imagem parada com uma câmara e obter como resultado o correspondente a uma fotografia. No caso deste filme, teremos uma seqüência de imagens iguais em sucessão. Se reproduzíssemos apenas o primeiro quadro deste filme, o resultado seria o mesmo que obteríamos reproduzindo qualquer outra quantidade de quadros.

Da mesma forma, um Flash movie pode ser composto de um único frame estático, que seria reproduzido como uma imagem parada

O fato é que um Flash movie normalmente terá frames diferentes que, ao serem executados, apresentarão uma seqüência de imagens diversas, compondo uma animação.

Vamos tratar, agora, de como dispor diferentes imagens ao longo de uma seqüência de frames para criar uma animação.

Tipos de animação

É importante considerar que o Flash permite que se aplique diversas transformações para animar um objeto e que todas elas tenham lugar simultaneamente, independentemente umas das outras, ou que essas diferentes mudanças ocorram em sincronização. Ou seja, um objeto pode, por exemplo, ir mudando de cor e de tamanho ao mesmo tempo em que se desloca pela tela.

O principal elemento na criação de animações em um Flash movie é o chamado keyframe, sobre o qual já fizemos algumas referências.

Um keyframe, como o nome diz, é um ponto-chave em uma seqüência de frames. É em um keyframe que você vai determinar que qualquer mudança ocorra em um objeto. No entanto, não é apenas nos keyframes que as mudanças ocorrem. O Flash pode ser instruído a realizar mudanças automáticas ao longo de frames comuns.

Existem dois tipos de animação no Flash: A do tipo frame-by-frame, onde você cria um keyframe em cada frame e especifica as transformações que ocorrerão em cada um deles, e o chamada tweened[1] animation (animação), onde você fornece a imagem inicial, em um keyframe, e a imagem final, em outro keyframe, e o Flash cria automaticamente, ao longo dos frames normais existentes entre eles, a seqüência de imagens intermediárias que formarão a animação.

Como já vimos, para criar um keyframe em um frame você seleciona na timeline o frame correspondente ao momento em que quer que determinada transformação tome lugar e seleciona a opção Keyframe, do menu Insert. Você pode criar uma série de keyframes seguidos de uma única vez, selecionando uma seqüência inteira de frames e aplicando este mesmo comando.

Ao tornar-se um keyframe, um frame recebe um ponto preto que o identifica como um keyframe que contém algum objeto. Blank keyframes ou keyframes vazios, ou seja, keyframes em cujo frame não há conteúdo algum, são identificados por um ponto vazado.

No caso de uma tweened animation, os frames intermediários ganham uma seta que vai do keyframe inicial ao final e também um fundo verde ou azul. Esta cor dependerá do caso, como veremos adiante. No caso da seta, se houver algum problema com tweening-motion ela aparecerá tracejada.

Como já comentamos antes, todos os frames normais que se sucederem a um keyframe vão continuar mostrando o conteúdo deste, enquanto um novo keyframe não for definido. Um blank keyframe faz com que o frame fique em branco. Como o conteúdo de um keyframe vai continuar sendo exibido enquanto não alcançar outro keyframe que mude algo, inserir um keyframe em branco faz com que este conteúdo desapareça a partir dele.

Há dois tipos de tweened animation, criadas pelo Flash: Motion[2]-tweens, que criam variações de movimento e das propriedades normais de um objeto, e Shape[3]-tweens, que produzem variações de formato.

Aqui entram as duas cores diferentes no fundo dos frames intermediários em uma seqüência contendo uma tweened-animation. Uma motion-tween terá o fundo azul e uma shape-tween o fundo verde.

Em ambos os casos, o Flash manterá uma representação da imagem inicial e outra da final, fornecidas por você, e informações sobre as mudanças a serem efetuadas. Durante a reprodução ele criará logicamente as imagens intermediárias. Isto permite que uma

---

[1] Abreviatura de *between* – Entre.

[2] Movimento.

[3] Forma.

Capítulo 7 · Animação   **71**

tweened-animation acrescenta um mínimo de tamanho ao movie final. No caso de uma animação frame-by-frame, onde você inclui uma imagem a cada frame, o Flash terá que guardar a representação gráfica de cada um deles, fazendo com que o tamanho final do movie fique bem maior.

Animação e layers

Tenha sempre em mente que estamos falando de seqüências de frames ao longo da timeline, e que podemos ter diversas layers a cada frame. O que será mostrado na tela a cada frame será sempre a sobreposição das imagens contidas em cada layer.

Como vimos no capítulo sobre layers, você poderá separar diferentes componentes em layers individuais para organizar seu trabalho e evitar que uns interfiram com os outros. Isto vale principalmente para animações. Use sempre os recursos disponíveis para trabalhar com layers, como os outlines para identificar o conteúdo de cada uma, por exemplo, para simplificar e agilizar seu trabalho.

> Note que, para aplicar uma tweened-animation sobre diversos objetos simultaneamente, é necessário que cada um deles esteja em uma layer diferente.
>
> Uma forma adequada de manter os objetos é dispor cada symbol em sua própria layer.

Motion tweening

A motion tweening pode alterar gradativamente as propriedades de posição, tamanho, rotação, distorção, cor e transparência de um determinado objeto.

É importante saber como este recurso age sobre cada tipo de objeto no Flash.

Um objeto solto, em forma de fills ou lines não aceita motion tweening.

Objetos em forma de Groups e blocos de texto podem receber uma motion tweening alterando todas as propriedades mencionadas, exceto cor e transparência. Um objeto em forma de symbol sempre poderá receber uma motion tweening, alterando qualquer das propriedades mencionadas.

Portanto, para que o efeito seja aplicado sobre objetos que não estejam na forma de symbols, eles devem ser transformados em tal ou, dependendo do caso, ao menos em Groups.

O ideal é que a tweening motion seja usada sobre symbols. Por isso, quando uma tweening motion é aplicada sobre um objeto que não é um symbol, o Flash o transforma automaticamente em um symbol, atribuindo-lhe nomes no formato tween1, tween2 etc.

Criação de uma motion tweening

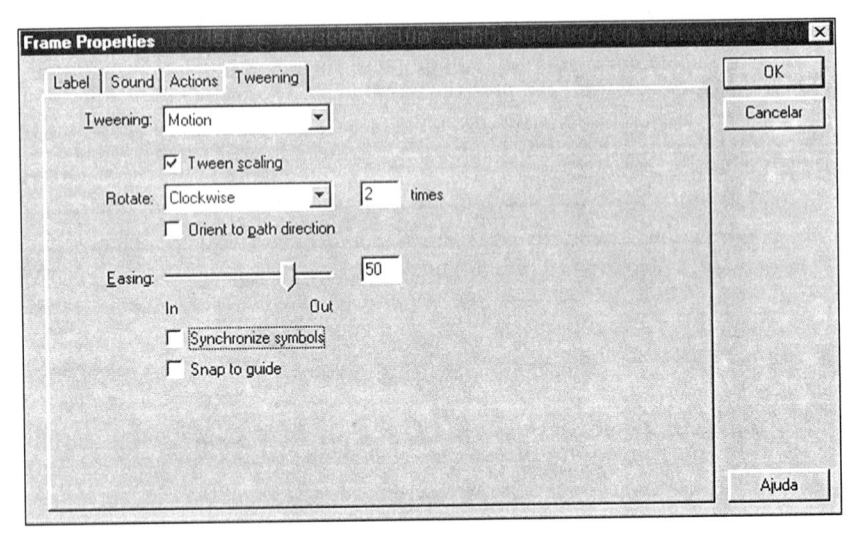

![Frame Properties dialog box with Tweening tab selected, showing Tweening: Motion, Tween scaling checked, Rotate: Clockwise 2 times, Orient to path direction unchecked, Easing slider at 50 (In/Out), Synchronize symbols and Snap to guide options]

Para criar e configurar as opções de uma motion tweening você pode fazer o seguinte:

- Com o objeto a ser utilizado na área de trabalho, selecione a layer que conterá a animação e insira um keyframe no frame em que a animação deverá iniciar.
- Acione o comando Create Motion Tween, do menu Insert.
- Escolha o número de frames ao longo das quais a animação vai durar e insira, se necessário, novos frames vazios ao longo desta extensão usando a opção Frame do menu Insert.
- Mantendo selecionado o último frame da seqüência definida, selecione agora o objeto que está sendo animado e aplique as alterações desejadas em suas propriedades. Um novo keyframe é criado automaticamente neste frame. Para alterar gradativamente a cor ou a transparência do objeto durante a animação, use a janela Instance Properties e defina a configuração final do objeto.
- Clique duas vezes neste último frame da seqüência e a janela Frame Properties surgirá. Selecione a guia Tweening.
- Se a animação incluir mudança no tamanho do objeto, selecione a opção Tween scaling (Redimensionar).

Capítulo 7 · Animação

- Se quiser aplicar um movimento automático de rotação ao objeto durante a animação, selecione, na caixa Rotate, a opção Clockwise (Sentido horário) ou Counterclockwise (Sentido anti-horário), para definir o sentido da rotação.
- Caso tenha optado pela rotação, selecione, na caixa "times", quantas voltas completas o objeto deverá executar durante a animação.
- Ajuste as velocidades inicial e final da animação com a opção Easing (Suavizar). Desloque a barra de regulagem para a esquerda, de forma a reduzir a velocidade inicial da transformação, ou para a direita, para reduzir a velocidade final. Na caixa à direita você pode entrar com um valor de -100 a 100 para ajustar essa velocidade, no mesmo sentido. Um valor 0 ou a barra centralizada definem um ritmo constante para a animação.
- Se o número de frames em um symbol animado não for um múltiplo exato do número de frames que o symbol vai durar no movie principal, seu loop ficará incompleto. A opção Synchronize symbols ajusta isto automaticamente.
- Nesta janela, há, ainda, as opções Orient (Orientar) to path direction (direção) e Snap to guide, que veremos com detalhes a seguir.

Movimento ao longo de um traçado

Como vimos no Capítulo 5, Layers, você pode criar uma guided layer com um determinado traçado e fazer com que um ou mais objetos o sigam exatamente durante a animação. Um ou mais porque apesar de ser necessário manter cada um dos objetos, quando animados simultaneamente, em uma layer diferente, é possível ligar essas diversas layers ao mesmo path (caminho), na mesma motion guide.

Vimos como criar uma motion guide através da janela de configuração de layers, acessada pelo ícone que fica à direita das mesmas. Desenhe livremente na guide layer o caminho desejado, com a ferramenta pencil ou com a ferramenta brush ou trace uma linha, um oval ou um retângulo, com as respectivas tools, para servirem como path.

Para associar a este path cada layer que contenha um objeto que usará este path a ele, arraste-as uma a uma, na timeline, para a posição imediatamente abaixo da guide layer que o contém.

A opção Orient to path direction, na janela Frame Properties, serve para fazer com que o objeto ajuste sua inclinação durante seu deslocamento ao longo do motion path, de forma a acompanhar as mudanças de direção deste, mantendo constante sua inclinação em relação ao path. Sem esta opção, o objeto manterá sua inclinação original durante todo o movimento.

A última opção da janela Frame Properties, Snap to guide, serve para fazer com que os objetos associados ao path se liguem automaticamente a ele a partir de seus registration points. Lembre-se que você pode editar esse registration point para ajustar o posicionamento de um objeto em relação ao motion path da forma que preferir.

O path traçado em uma guided layer não vai aparecer na reprodução do movie. Mas quando você quiser testar a animação na área de trabalho, ele estará visível. Use a opção de Show/Hide Layer (camada Exibir/Ocultar) (ícone do olho), na layer do motion guide, para torná-lo invisível. Assim você poderá visualizar sua animação na área de trabalho como aparecerá na reprodução do movie final.

Shape tweening

Outro tipo de transformação gradativa que o Flash executa automaticamente é o shape tweening. Assim como no caso do motion tweening, você fornece a imagem inicial e a imagem final, deixando que o Flash se encarregue de processar as etapas intermediárias da transição.

O shape tweening serve para transformar uma forma em outra gradativamente, permitindo alterar simultaneamente sua posição, tamanho e cor. A principal diferença é que, ao contrário da motion tweening que trabalha sobre symbols e imagens agrupadas, o shape tweening opera somente sobre imagens soltas, em forma de fills e lines. Outra diferença é que diversas formas podem ser transformadas com o shape tweening sem ser necessário que estejam em layers separadas.

Para criar e configurar um shape tweening siga estes passos:

- Com o objeto a ser transformado na tela (lembre-se que deve ser um objeto solto, nunca um symbol, Group ou bloco de texto), selecione a layer que conterá a animação e insira um keyframe no frame em que a animação deverá iniciar.

- Insira a imagem final, com um novo keyframe, no frame em que deseja que a animação se complete.

- Volte a selecionar o frame inicial da animação e acione a opção Frame, do menu Modify.

- Na guia Tweening da janela Frame Properties selecione a opção Shape da caixa Tweening.

- As opções de Blending Type (Tipo Mistura) são: Distributive e Angular. Na maioria das vezes é difícil distinguir a diferença entre estes dois modos de transformação. O modo Angular mantém, durante as etapas intermediárias da transição, ângulos acentuados e linhas retas que as imagem apresentam. O modo Distributive faz uma transformação mais direta, desmanchando mais o formato original e fazendo uma transição mais suave. Experimente e escolha aquele que preferir.

Capítulo 7 · Animação 75

- A barra de Easing funciona do mesmo modo que no caso da motion tweening, acelerando o início ou o final da transformação ao ser deslocada para a esquerda ou para a direita, respectivamente.

Shape hints

Ao executar a transformação de uma imagem em outra, o Flash utiliza um mesmo processo, independentemente da forma das imagens utilizadas. Isto faz com que, em muitos casos, a transformação seja feita de uma forma pouco suave e, por isso, pouco atraente. Como o objetivo de todo o trabalho é criar efeitos que, por assim dizer, enchem os olhos do espectador, foi criado aqui um método que permite controlar a forma com que a transformação evolui em segmentos específicos da imagem. São os chamados Shape hints (dicas de Forma).

Os shape hints são marcadores que você aplica em segmentos selecionados da imagem inicial, com outros correspondentes na imagem final. Estes marcadores, ou hints, fazem com que cada segmento selecionado seja transformado independentemente dos demais e, principalmente, fazem com que um segmento marcado na imagem inicial seja transformado em um outro segmento específico, selecionado na imagem final por um marcador correspondente. Ou seja, com a aplicação de shape hints você controla que segmentos da imagem inicial se transformarão em que segmentos da imagem final, de forma independente do restante das transformações que estão ocorrendo simultaneamente.

Para ilustrar, suponha que você queira fazer um fusca se transformar em um Rolls Royce (se conseguir, diga-me como para que possa transformar o meu). Se você seleciona o fusca como imagem inicial e o Rolls Royce como imagem final, durante a transformação o fusca vai se tornar uma massa disforme que, posteriormente, se transformará no Rolls Royce. Se, no entanto, você aplicar hints em cada uma das rodas, no teto, na dianteira, na traseira, nos vidros etc. do fusca e seus correspondentes nas rodas correspondentes, teto etc. do Rolls Royce, ao se processar a transformação, em vez de uma massa disforme você verá rodas se transformando em rodas, o teto se alongando de modo uniforme, os vidros de fusca se tornando vidros de Rolls e assim por diante. Parece interessante, não? Vamos ver como aplicar estas hints.

Cada shape hint tem uma letra do alfabeto, de a a z, que a identifica. Você tem, portanto, 26 hints diferentes para usar simultaneamente.

- No frame da imagem inicial, insira um shape hint através do menu Modify, opção Transform, comando Add Shape Hint ou com o atalho Control+H no Windows ou Command+H no Macintosh. Você vai ver um marcador vermelho com a letra a aparecendo na sua área de trabalho.

- Aplique, agora, este marcador em um segmento da imagem que você deseje transformar de forma específica, como a roda dianteira direita do fusca, por exemplo. Ao ser colocado sobre a imagem, ele ficará amarelo.

- Vá, agora, até o frame onde encontra-se a imagem final e você encontrará esperando por você um outro marcador vermelho, também com a letra a, que você irá colocar sobre a parte correspondente à marcada com a letra a na imagem inicial. Já sabe onde? Isso mesmo, na roda dianteira direita do Rolls Royce (se colocar na roda errada, arrumará uma cangancha pior do que se não tivesse hint algum). Esse marcador ficará verde quando estiver sobre a imagem.
- Agora, vá repetindo esses mesmos passos com os demais segmentos que deseje especificar, aplicando as hints com as letras b, c, d etc.

Você poderá ir ajustando a posição das hints de forma a obter a transformação que achar mais adequada ao seu objetivo.

Abaixo da opção Add Shape Hints no menu View você vai encontrar a opção Remove All Hints. Se quiser remover apenas um deles, mova-o para fora da área de trabalho.

Você pode, também, esconder ou mostrar os hints existentes na layer selecionada com o comando Show Shape Hints, do menu View.

> Um efeito interessante pode ser obtido com o shape tweening se você criar uma ou mais imagens intermediárias entre a inicial e a final. Suponha que você esteja fazendo um dos usos mais comuns do shape tweening, a transformação de uma palavra em outra (lembre-se que, para isso, você precisará "desmanchar" o bloco de texto primeiro). Você pode fazer com que a palavra inicial se transforme primeiro em um logotipo, por exemplo, e este na outra palavra. Ainda, pode inserir quantas etapas intermediárias desejar.
>
> Outro exemplo prático para esse recurso é criar uma transformação de uma imagem qualquer, em forma de outline, para ocorrer durante o carregamento do movie no computador do visitante (vamos ver isso com detalhes mais tarde). Um outline é leve para carregar e, se você colocar um número suficiente de frames entre o início e o fim do processo, vai criar uma transformação lenta e interessante, que atrairá a atenção do visitante enquanto ele aguarda até que o filme fique disponível.
>
> Quando a animação estiver pronta, se você clicar duas vezes no objeto em um dos frames intermediários, um novo keyframe será criado automaticamente, contendo uma instância do symbol com as propriedades que ele possuía naquele ponto da animação.
>
> Lembre-se, também, que qualquer alteração no número de frames contidos em uma tweening animation é automaticamente considerada pelo Flash, que ajusta toda a seqüência de acordo.

Animação frame a frame

Outra forma de criar animações no Flash é a que poderíamos chamar de convencional. A cada frame você insere uma das imagens da seqüência, que irá compor a animação ao final.

Como em um filme convencional, cada quadro, ou frame como chamamos no caso do Flash, é um estado da imagem. A apresentação em velocidade da seqüência de imagens dá a ilusão de continuidade.

Capítulo 7 · Animação

Na realidade, é o mesmo que ocorre no caso do tweening. A diferença é que, no último o Flash, cria sozinho as imagens intermediárias. Na animação frame-by-frame (frame a frame) você deverá fornecer cada passo da seqüência.

Você encontrará situações em que o tweening não conseguirá criar de forma adequada a seqüência necessária, baseado apenas em uma imagem inicial e uma final. A única solução para animações mais sofisticadas é criar os passos no Flash, à mão ou usando um tablet, ou então fazer os desenhos externamente e copiá-los em forma de bitmap para o Flash.

Optando por criar a animação à mão no próprio Flash, você tem o recurso mais simples de todos, o de criar o primeiro frame e passar a aplicar alterações manuais, criando com elas os frames seguintes.

A animação frame-by-frame gera arquivos maiores que no caso da tweening animation. Especialmente no caso de você usar bitmaps, e mesmo no caso de imagens vetoriais, criadas no Flash ou em outra aplicação, o conteúdo de cada frame será registrado e incluído no movie final. Não será possível aproveitar o recurso de criação das etapas intermediárias dinamicamente, no momento da apresentação, como no caso do tweening. O bitmap, como sabemos, cria arquivos muito maiores que os vetoriais. e, obviamente, quanto maior a seqüência deles mais acentuado será o acréscimo no tamanho final.

Na verdade, a meta de obter um arquivo final mínimo para seu movie é uma questão relativa. Dependendo da situação, esse fator terá um peso menor no contexto geral.

Se você tem um site em html, por exemplo, e inclui uma animação em Flash em algum ponto do site, como uma atração adicional, não precisará se preocupar tanto com o tamanho do arquivo como se preocuparia se seu site fosse totalmente desenvolvido em Flash. No último caso, a demora para carregar o movie pode fazer com que alguns usuários não tenham paciência para aguardar e simplesmente não conheçam seu site. E você não quer perder um visitante que já chegou a seu site, não é verdade?

Mas, se o visitante já entrou no seu site, você terá oportunidade de convencê-lo de que vale a pena aguardar mais um pouquinho para ver o show que você criou para ele com o Flash.

Você verá, também, mais adiante, que há um meio de dividir um trabalho em diversos movies menores e invocá-los apenas no momento em que se fizerem necessários. Desta forma, você pode criar como base um movie fácil de carregar e usar sua criatividade para convencer o visitante de que vale a pena esperar para ver os demais.

Há, enfim, casos em que o visitante não tem tanta escolha e vai precisar esperar um pouco mais de qualquer forma. São os casos em que o interesse em ver o conteúdo do movie é dele mesmo. Em uma situação destas você pode aproveitar para criar um conteúdo mais rico do que o de costume.

Agora que já vimos que em muitos casos vale a pena criar trabalhos um pouco mais "pesados", vamos voltar a nossas animações frame-by-frame. Para criá-las, você precisará simplesmente escolher o frame onde a animação terá início, criar um keyframe para cada frame e inserir neles cada passo da animação. Você pode ter certo controle sobre a velocidade da animação acrescentando frames vazios entre os que contém as imagens. Vejamos, no entanto, como lidar melhor com a velocidade do movie.

Velocidade do movie

Como vimos anteriormente, podemos definir a velocidade do movie determinando o número de frames por segundo em que ele rodará. No entanto, essa taxa será sempre única para o movie inteiro. Veremos, mais tarde, que quaisquer movies que eventualmente sejam convocados a se apresentar a partir de outro movie assumirão a velocidade fixa determinada para este último, mesmo que tenham sido criados com outra velocidade.

Esta velocidade é, portanto, uma espécie de objeto "sagrado" para o Flash e, por isso, é melhor estabelecê-la antes de tudo e desenvolver o trabalho baseado nela. Para um trabalho a ser apresentado na web, o fabricante recomenda a velocidade de 12 fps que, não por acaso, é a velocidade default de qualquer novo movie que você criar.

Quando a velocidade é baixa demais, a animação perde a continuidade suave que deve ter, apresentando-se como que em pequenos saltos. Se for alta demais, a velocidade faz com que os detalhes do filme percam a definição.

É importante notar, também, que a capacidade do computador em que o movie está sendo rodado também influencia o desempenho das animações. É sempre bom ajustar o movie para ter um bom desempenho em um equipamento básico. De nada adiantará rodar perfeitamente em um computador com processador de última geração e memória RAM de sobra e deixar decepcionados visitantes com máquinas mais modestas.

Edição de animações

Vamos ver, agora, os recursos disponíveis para editar uma animação já existente, ajustando-a conforme necessário.

Você já percebeu que os keyframes são as peças fundamentais da estrutura de uma animação. Não é à toa que seu nome significa frames-chave. Transformar, ou editar, uma animação significa manipular os keyframes de forma que venham a produzir as novas condições desejadas.

Você pode considerar um keyframe como um tipo especial de objeto e, como tal, manipulá-lo de diversas formas. Dentro da timeline você pode alterar keyframes, criá-los ou colar novos, removê-los, copiá-los e deslocá-los ao longo de uma layer ou para outra posição qualquer em outra layer, tudo através dos retângulos correspondentes aos mesmos.

O importante é ter em mente que o pequeno retângulo que você manipula na timeline é somente uma representação do frame em uma layer específica. Um frame, na verdade, é todo o conteúdo da área de trabalho em um determinado momento. Este conteúdo está dividido em layers, cada um representado por um retângulo na timeline. Assim, quando você manipula um daqueles retângulos está, na realidade, manipulando todos os objetos existentes naquela layer naquele momento. Trocando em miúdos, quando você mover para outro lugar o retângulo correspondente ao frame e à layer em que se encontra o Rolls Royce que você transformou o fusca, por exemplo, estará levando o Rolls Royce e tudo o mais que estiver junto com ele para este outro lugar.

Capítulo 7 · Animação   **79**

Repare que apenas os keyframes têm um conteúdo editável. Não é possível editar o conteúdo de um frame intermediário em uma tweening animation, apesar de saber que ele corresponde a uma imagem específica da seqüência. Para fazer isto, é necessário inserir um keyframe neste ponto. Só então você terá a imagem, como está naquele instante, disponível para edição.

Os comandos usados para manipular os keyframes e, por conseguinte, editar animações, estão distribuídos por diversos menus. Como vimos antes, o Context menu é um recurso extremamente útil na maioria das operações executadas no Flash. No caso da edição de frames, porém, você encontrará quase todos os recursos concentrados alí, no botão direito do mouse (Command+click no Mac).

- Para mover um frame ou uma seqüência de frames para outro ponto da timeline, simplesmente selecione a área correspondente e arraste-a para o local desejado. Esta seqüência pode incluir qualquer quantidade de layers.

- Para copiar um frame ou uma seqüência de frames, selecione a área desejada e use o comando Copy Frames do Context Menu, ou do Menu Edit.

- Para colar um frame ou uma seqüência de frames anteriormente copiadas em uma determinada posição na timeline, selecione um frame na timeline ou uma área específica contendo os frames e layers de destino e use o comando Paste Frames, do Context menu ou do menu Edit.

Você percebe o poder do Flash quando, por exemplo, usa estes comandos para copiar de uma única vez um movie inteiro, com todos os objetos que o compõe, por maior que sejam, e colá-lo inteiro dentro de um simples movie clip symbol de um outro movie.

- Para apagar um frame ou uma seqüência de frames, selecione-os e use o comando Delete Frames do Context menu, ou do menu Insert.

- Para inserir um ou mais keyframes vazios, selecione a área onde quer que eles estejam e use o comando Insert Blank Keyframes do Context menu, ou do menu Insert.

- Para remover o keyframe de um frame ou de uma seqüência deles, selecione-os e acione o comando Clear Keyframe, do Context menu, ou do menu Edit.

Para estender ou encurtar uma animação, não é necessário usar os comandos para inserir ou remover frames, basta arrastar um dos keyframes para a nova posição.

Adicionalmente, como comentamos alguns capítulos atrás, você pode inverter automaticamente a seqüência de uma animação, fazendo-a passar a se desenrolar de trás para a frente. Basta selecioná-la e aplicar o comando Reverse Frames (Reverter Quadros) do Context menu, ou do menu Modify.

Edição simultânea
(onion-skinning)

Vamos ver, agora, um recurso muito interessante do Flash, o chamado onion-skinning. É um nome engraçado, que significa descascar cebolas. Este nome provém de um tipo de papel semitransparente chamado onion-skin (casca de cebola), pois o efeito visual deste recurso parece empilhar diversas imagens, desenhadas sobre esse tipo de papel.

O onion-skinning permite que diversos frames sejam visualizados e editados simultaneamente na área de trabalho.

O modo de visualização do onion-skinning faz com que o frame selecionado apareça normalmente e os demais apareçam semitransparentes, em suas posições originais. A utilidade deste recurso é permitir que você edite o frame selecionado tendo uma visão dos objetos contidos nos frames adjacentes, e o mais importante é que ele mostra o posicionamento do objeto que você está editando em relação a suas próprias posições nos frames anteriores e posteriores. Isto permite que você edite a animação de forma que ela se adapte da maneira que você preferir aos estágios anteriores, facilitando enormemente a criação da ilusão de continuidade visual que você desejar criar.

Você pode manter um controle muito grande sobre o conteúdo da área de trabalho, já que pode escolher as layers que estarão visíveis e apenas as layers que estão destrancadas mostram os frames vizinhos no modo onion-skinining. Quando trancada, uma layer se apresentará normalmente, apenas com o frame local que, por sua vez, também poderá ser escondido. Você também escolhe quantos frames aparecerão ao mesmo tempo e se eles apresentarão sua imagem completa ou apenas seu outline. Ou seja, se usar os recursos disponíveis da forma adequada, você poderá manter a visualização mais conveniente possível da área de trabalho, independentemente de quão congestionada ela esteja no local.

Na edição de animações este recurso pode ser ainda mais poderoso. Quando uma série de frames é visualizada simultaneamente, com o onion-skinning em modo de edição, todos os keyframes presentes podem ser selecionados e editados em sua posição ou ter esta posição alterada, mesmo que não sejam o keyframe do frame atual. Um exemplo de utilidade para isso é poder deslocar uma animação inteira. Supondo que ela tenha apenas o keyframe inicial e o final, se você deslocar o keyframe inicial sozinho para a nova posição, precisará determinar qual deverá ser exatamente o deslocamento do keyframe final para manter o posicionamento relativo entre eles. E isso pode ficar muito mais complicado ainda em animações mais complexas. Com o onion-skinning você desloca todas os keyframes simultaneamente, não precisando se preocupar com as posições relativas.

O ponto culminante disso é que você poderá, caso necessário, editar o seu movie inteiro de uma vez sem desalinhar qualquer objeto. Você lembra de quando dissemos que é importante escolher bem as dimensões que o movie terá ao iniciar o trabalho porque poderia ser difícil alterá-las depois? Pois bem, usar o onion-skinning é, normalmente, a única forma de fazer isso. Mesmo assim, essa pode ser uma tarefa bastante complexa, ou mesmo impossível, dependendo das características do trabalho. Para fazer isso você deverá destrancar todas as layers, ativar o onion-skinning sobre todos os frames, acionar o comando Edit All e aplicar a transformação desejada sobre todos os objetos simultaneamente.

Capítulo 7 · Animação

Agora, veremos os comandos usados para trabalhar com o recurso onion-skinning. Quando você acionar a onion-skinning, sempre verá seu marcador sobre a barra superior da timeline, onde encontra-se a numeração dos frames. Este marcador determina quais frames serão atingidos pelo modo onion-skinning. Normalmente, este marcador está centralizado no marcador do frame atual, o current frame pointer (ponteiro do frame atual), a não ser que isto seja alterado, como veremos à frente.

O marcador, normalmente, acompanhará o frame pointer quando este for deslocado. Você pode arrastar o marcador para a direita e para a esquerda, estendendo-o para selecionar quais frames vizinhos ao frame atual serão exibidos sob o onion-skinning.

À esquerda da barra inferior da timeline, vemos sempre presentes os botões de controle do onion-skinning.

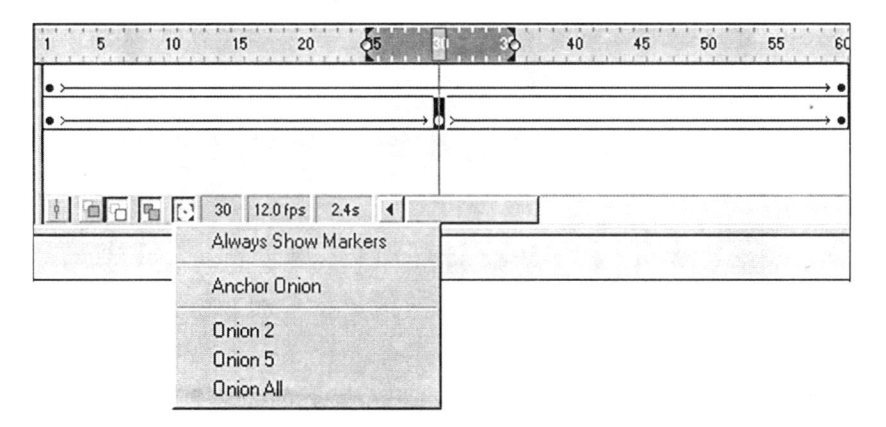

- O primeiro botão da barra, que apresenta um bonequinho vermelho, não faz parte do onion-skinning, apesar de auxiliar na sua utilização. Ele serve para deslocar o current frame pointer, de forma a tornar o frame que estiver selecionado no momento o frame central em sua área de visão da timeline.

- O segundo botão é o que aciona o modo de visualização do onion-skinning. Portanto, para utilizar o modo de visualização, você aperta este botão e seleciona com o marcador os frames que deverão aparecer também na área de trabalho.

- O terceiro botão aciona o modo de visualização em outline, do onion-skinning. Neste modo, você visualiza integralmente o frame atual e todos os demais apresentam apenas seu outline. É uma forma de desafogar o congestionamento visual da área de trabalho, permitindo uma visualização mais clara do frame principal. Você pode, portanto, alternar entre os dois modos de visualização usando este botões.

- O quarto botão ativa o modo de edição do onion-skinning, permitindo a edição simultânea de quaisquer dos keyframes incluídos. As tweened frames correspondentes a eles serão automaticamente atualizadas pelo Flash.

- O quinto e último botão abre um menu que oferece várias opções para ajudar na utilização do onion-skinning.
  - ➤ Na primeira, o comando Always Show Markers (Sempre Mostrar Marcadores), quando acionado, faz com que o marcador do onion-skinning apareça sempre na barra superior da timeline, mesmo quando o recurso estiver desativado.
  - ➤ Na segunda, o comando Anchor (Ancorar) Onion, permite que você desvincule o marcador do onion-skinning do current frame pointer, definindo em que frame ele ficará "ancorado". Selecione um frame, e o marcador do onion-skinning passará automaticamente para ele. A seguir, acione este comando e o marcador vai permanecer neste frame quando você passar para outro.
  - ➤ A terceira e quarta opções trazem os comandos Onion 2 e Onion 5, que fazem com que os marcadores se estendam automaticamente por dois ou cinco frames para cada lado do frame atual, respectivamente. São configurações convenientes para as situações mais comuns.
  - ➤ A quinta e última opção, Onion All, estende o marcador automaticamente por todos os frames existentes.

Resumo

Analisamos, neste capítulo, o que talvez seja o mais importante recurso do Flash, a criação de animações.

Vimos detalhadamente como o Flash trabalha de forma simples na criação de animações sofisticadas e os diferentes tipos de animações que podem ser criadas através dele.

Aprendemos passo a passo como utilizar os diversos recursos que o Flash disponibiliza para permitir a criação de animações da forma mais simples e eficiente possível, ou seja, evitando perda tempo e esforço e permitindo, assim, o máximo aproveitamento do potencial criativo do autor.

Questões de revisão

1. Quais os dois tipos básicos de animação que podem ser criadas pelo Flash?
2. Quais os dois tipos de tweened animation criadas pelo Flash?
3. Em que tipo de objetos podem ser aplicadas a motion tweening e quais aceitam a shape tweening?
4. Para fazer uma tweened motion animation com mais de um objeto seguindo um mesmo traçado, quantas guided layers são necessárias?
5. Para que servem os shape hints?
6. Como você pode usar uma etapa intermediária para tornar uma tweened shape animation mais interessante?

Capítulo 7 · Animação

7. Quais os efeitos, sobre uma animação, da escolha de uma velocidade muito alta ou muito baixa?
8. Qual a alternativa mais conveniente ao uso dos comandos de menu para edição de frames?
9. Para que serve o onion-skinning?

Exercícios de revisão

1. Crie uma motion tweened animation com dois objetos seguindo o mesmo path.
2. Crie uma shape tweened animation transformando uma palavra em outra, passando por uma terceira forma intermediária.
3. Crie uma animação frame a frame fazendo alterações consecutivas em um objeto inicial.
4. Crie dois rostos do tipo SORRIA!, um triste e outro alegre, e faça uma shape tweened animation transformando um no outro. A seguir, aplique shape hints nos olhos de cada um e veja o resultado.
5. Reduza o movie do exercício número 2: Inteiro, inclusive o stage, a 50% do tamanho original.

Capítulo 8

Sons

Agora que já vimos como criar animações em Flash, veremos como incluir recursos de som para acompanhá-las em seu movie.

O Flash oferece diversos recursos para que você prepare os sons para se adaptarem da forma mais adequada a movies. Vamos ver agora, detalhadamente, como o Flash lida com esses recursos e como utilizá-los da forma mais eficiente.

Antes de tudo, devemos ter em mente que os sons utilizados em um movie são arquivos independentes, que tomam a forma de symbols ao serem inseridos em seu movie. Como symbols, ao passarem a fazer parte do movie eles são automaticamente incluídos em sua library e, o que é muito importante, poderão ser utilizados quantas vezes forem necessárias em seu movie sem que isso signifique um aumento em seu tamanho final.

Não é possível criar novos sons dentro do Flash, mas, como veremos adiante, é possível editar os arquivos de som disponíveis. A única forma de dispor de arquivos de som no Flash, portanto, é importando-os de fontes externas. O Flash já traz em seu pacote alguns pequenos arquivos de som, que poderão ser úteis em alguns casos, mas você provavelmente vai encontrar situações em que precisará importar novos arquivos para utilizar em seu trabalho.

O Flash só pode importar arquivos de som nos formatos WAV e AIFF. Portanto, se você precisar utilizar no Flash um som que esteja gravado em qualquer outro formato, será necessário convertê-lo para um dos formatos reconhecidos pelo Flash, usando alguma outra aplicação, antes de poder incluí-lo em seu trabalho.

Apesar de trabalhar com o formato MP3 para compactar seus arquivos de som, como veremos neste capítulo, o Flash não é capaz de importar arquivos no formato MP3. Se você tiver um arquivo em MP3 que queira usar em um Flash movie, deverá convertê-lo para o formato WAV e, então, importá-lo para o Flash.

A maior restrição ao uso de sons em um Flash movie desenvolvido para apresentação na web refere-se ao acréscimo que eles podem significar ao tamanho do arquivo final do movie em termos de bytes, ou seja, seu peso final. Um arquivo de som, dependendo de sua duração, pode tornar-se extremamente grande, mesmo usando-se os mais eficientes métodos de compactação. É muito fácil um arquivo de som tornar-se maior do que o restante do movie. Esta será, portanto, a preocupação fundamental ao lidar com sons em um Flash movie destinado à web.

A questão principal, neste ponto, é que a qualidade do som está estreitamente associada a seu tamanho em bytes. Por isso, haverá sempre a necessidade de encontrar um ponto de equilíbrio, onde o tamanho do arquivo de som será reduzido até onde o nível de qualidade pretendido começar a ficar comprometido.

Neste sentido, veremos, adiante, que o Flash dispõe de diversas alternativas para que você possa otimizar os sons que utilizar. O importante agora é considerar que os parâmetros que mais influenciam o tamanho e a qualidade de um arquivo de som, além de sua duração, naturalmente, são o número de bits que compõe sua estrutura, que podem ser 8 ou 16, sua sample rate (taxa de amostra), medida em kHz, e o fato de estar em formato mono ou stereo, pois um arquivo de som stereo tem seu tamanho em bytes reduzido à metade quando convertido para mono.

Importação de arquivos de som

Importar um arquivo de som é como importar qualquer outro arquivo. Use o comando Import, no menu File, e selecione o arquivo desejado na caixa de diálogo. O arquivo será introduzido no ambiente do movie, sendo incorporado automaticamente à sua library ao lado dos demais symbols.

Como veremos, será possível definir o tipo de compactação utilizado para reduzir o tamanho do arquivo de som mas, no momento da escolha do formato a ser importado, o mais importante é considerar que sons em 8 bits são menores e mais fáceis de reproduzir em máquinas limitadas mas, em prol da qualidade, e para utilizar os efeitos que o Flash permite aplicar sobre sons, é melhor dar preferência ao formato de 16 bits.

Outro fator a considerar ao selecionar o tipo de arquivo a ser importado é a sample rate. Ela é diretamente proporcional à qualidade e inversamente proporcional ao tamanho do som. O Flash pode importar sons com sample rates de 11, 22 e 44 kHz, sendo esta última correspondente à qualidade de um CD. Se você importar sons com sample rates diferentes destas, o Flash irá convertê-las automaticamente, alterando o volume original. A sample rate poderá ser reduzida mais tarde no próprio Flash, mas nunca aumentada.

Capítulo 8 · Sons   **87**

Inserção
de um som no movie

Cada som diferente deve ser colocado em uma layer própria na timeline. Isto faz com que eles se sobreponham quando estiverem em um mesmo frame, sendo reproduzidos independentemente uns dos outros, do mesmo modo que outros objetos se sobrepõe visualmente. Permite, ainda, que você inclua quantos sons simultâneos quiser.

Para utilizar em um movie um som já presente na sua library, crie uma nova layer para ele, insira um keyframe no frame em que o som terá início e selecione a opção Frames, do menu Modify. Na caixa de diálogo que se abrirá, selecione a guia Sound.

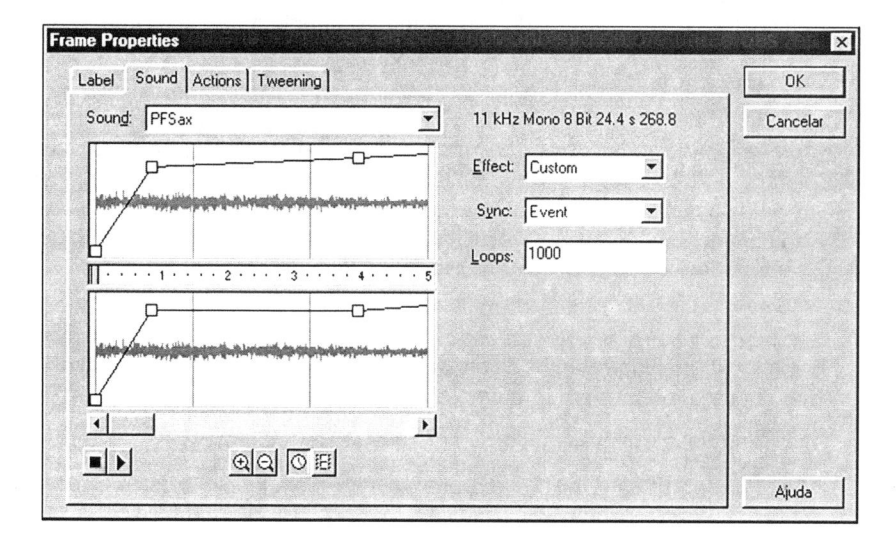

- No menu Sound desta caixa você encontrará todos os sons disponíveis no movie. Selecione o som desejado e surgirá um gráfico representando suas ondas nas duas janelas maiores. Cada janela representa um canal. Quando o som estiver em formato mono, o canal único aparecerá em ambas, mas você poderá alterá-los separadamente mantendo o arquivo de som em mono mas com efeitos diferentes para cada canal.
- O menu Effect (Efeito) contém as seguintes opções:
    ➤ None (Nenhum) – Serve para remover qualquer efeito previamente aplicado.
    ➤ Left Channel (Canal Esquerdo) – Restringe o som ao canal esquerdo.
    ➤ Right Channel – Restringe o som ao canal direito.

- ➤ Fade Left to Right – Faz o som passar do canal esquerdo para o direito.
- ➤ Fade Right to Left – Faz o som passar do canal direito para o esquerdo.
- ➤ Fade In – Faz o volume aumentar gradualmente, a partir do zero.
- ➤ Fade out – Reduz gradualmente o volume até zero.
- ➤ Custom – É o modo em que você edita o som da forma que quiser, através das janelas que contêm os gráficos.
    - ♦ A linha que acompanha os gráficos do som é chamada de envelope, e determina o volume do som ao longo do tempo. Quando um arquivo de som é selecionado, esta linha se apresenta toda, no máximo, e possui um handle em seu início. Você pode criar até mais sete handles diferentes, clicando duas vezes sobre a linha do envelope no ponto desejado. Arrastando o handle para cima e para baixo você ajusta o volume do som naquele ponto. Para eliminar um handle basta arrastá-lo para fora da janela.
    - ♦ Na barra posicionada entre as janelas, que contém a marcação numérica do tempo ou dos frames, há dois controles: o Time in, no início, e o Time out, no final. Arrastando esses controles você ajusta o ponto em que o som começará a ser reproduzido e aquele em que terminará, respectivamente. Use-os para eliminar trechos em branco no inicio e no final de um som, evitando que pesem desnecessariamente no tamanho do arquivo final.
    - ♦ Com os controles existentes abaixo das janelas, você pára e inicia a reprodução do som, com os dois botões à esquerda, aumenta e diminui o zoom, com os botões que mostram lupas com os sinais de + e -, respectivamente, e alterna o marcador numérico, entre tempo e frames, com os dois botões restantes.
- • No menu Sync você define o modo de sincronização do som:
    - ➤ A opção Event (Evento) aciona a reprodução do som inteiro quando o movie atinge o frame em que se encontra. Se o movie terminar ou for interrompido por outro evento, o som continua sendo reproduzido até o fim.
    - ➤ A opção Start (Iniciar) inicia a reprodução do som inteiro.
    - ➤ Com a opção Stop, o som em questão é interrompido. Usando o comando Start, no início de uma animação, e Stop, ao final, você pode fazer com que o som fique em sincronização com ela. *Lembre-se que qualquer comando deve estar inserido em um keyframe.*

► A opção Stream (Fluxo) é um recurso especial do Flash, utilizado para sincronizar sons com animações. Com ela, o som ficará associado aos frames que ocupar e, assim, uma animação terá seu ritmo atrelado ao ritmo do som que a acompanha. Se houver algum atraso no carregamento ou na reprodução das imagens, por exemplo, as imagens serão saltadas para que a animação continue acompanhando o som conforme programado. Desta forma, se algum evento interromper o movie em determinado frame, o som será também interrompido no ponto correspondente. Da mesma maneira, se algum evento fizer com que o movie passe a se reproduzir a partir de um frame que contenha um som em streaming, o som começará a ser tocado a partir do ponto correspondente àquele frame.

A idéia é que, ao contrário do som em modo evento, que se reproduz inteiramente ao ser acionado, o som em stream tem cada um de seus momentos associado a um determinado frame.

► Na caixa Loops, você determina quantas vezes um som vai se repetir.

Como o fator que mais afeta o peso de um arquivo de som é sua duração, você pode selecionar um pequeno trecho de uma música e fazer com que ele fique se reproduzindo repetidamente. Isto permite que, com um acréscimo relativamente pequeno ao peso do arquivo final, você tenha o som acompanhando o movie por quanto tempo quiser.

Compactação de sons

Para lidar com o problema de aumento no peso final do movie provocado pelos arquivos de som, o Flash dispõe de uma série de recursos para aplicar algoritmos de compactação sobre esses arquivos, de forma a reduzir seu tamanho.

Veremos mais adiante que você pode definir uma única configuração de compactação, a ser aplicada em todos os sons do movie. Caso você deixe por conta do Flash, ele usará seu default, o conhecido algoritmo MP3, a uma taxa de 16 Kbps, em mono. Mas, agora, vamos discutir as opções disponíveis para que você configure a compactação da forma que achar mais conveniente.

Em virtude de suas naturezas diversas, devemos encarar os sons incluídos em modo stream de forma diferente dos configurados para serem reproduzidos em modo event.

Um Flash movie utiliza o sistema de streaming, que permite que ele comece a ser reproduzido antes de estar totalmente carregado. Após o carregamento de um determinado número mínimo de frames o movie tem início e, durante a reprodução, o restante dos frames continua sendo carregado. Isto evita que seja necessário aguardar que todo o movie seja carregado para começar a vê-lo. Do mesmo modo, um arquivo de som configurado em modo stream começará a se reproduzir tão logo uma quantidade mínima de dados esteja carregada e continuará carregando o restante, no background, durante a reprodução. Já um arquivo de som configurado em modo event só terá início depois que estiver totalmente carregado. Por isso, ao procurar o ponto de equilíbrio entre qualidade e peso, o normal é dar mais prioridade à leveza, pois um atraso em seu carregamento resultará em interrupções na reprodução durante a apresentação.

Sempre devemos levar em conta o perfil dos serviços de transmissão de dados utilizado pelo público-alvo do trabalho que está sendo desenvolvido, pois isto irá determinar a viabilidade da utilização de streaming para imagens em geral e para o som em particular. O streaming só funcionará adequadamente se a transmissão de dados mantiver uma taxa mínima durante o carregamento do movie na Internet. Caso esta taxa não seja mantida, haverá interrupções na apresentação. Veremos, mais tarde, que o Flash dispõe de vários recursos para lidar com este problema.

Há meios de simular teoricamente o ritmo de carregamento em diferentes situações e também técnicas para permitir que determinadas partes do movie, ou mesmo todo o movie, só comecem a ser reproduzidas após estarem totalmente carregadas, como o aviso de "Carregando", por exemplo. No caso de imagens, interrupções na apresentação podem, muitas vezes, não ser comprometedoras, podendo, eventualmente, até passarem despercebidas. Mas, obviamente, interrupções no som sempre prejudicam o trabalho.

Por isso, veremos, mais tarde, que o Flash permite, inclusive, que você defina uma configuração de compactação para todos os sons em streaming e outra para todos aqueles em event. Assim, caso você não ache necessário configurar separadamente cada arquivo de som de um movie e prefira usar uma mesma configuração para todos, ainda poderá escolher uma para os sons em stream e outra para os sons em event.

Há, ainda, o caso em que você configura arquivos de som individualmente, para otimizar um movie para a web, mas quer ter a opção de reproduzi-lo localmente com uma melhor qualidade possível de som. Para que isto seja feito, existe a opção Override sound settings (Sobrepor definições de som), que, como veremos adiante, faz parte das configurações do arquivo final. Com ela, você sobrepõe todas as configurações individuais dos arquivos de som do movie com uma única configuração para sons em stream e outra para sons em event, sem perder as configurações originais. Ao produzir o movie para a web você utiliza essas últimas, e para a versão local você aciona a configuração geral.

O Flash denomina de Export (Exportar) o ato de produzir o movie final a partir do arquivo de trabalho. O arquivo de trabalho, em que você desenvolve todo o movie, é chamado de arquivo Flash, e é caracterizado pela extensão .fla. Ao exportar o trabalho, este arquivo dá origem a um arquivo final com extensão .swf, de Shockwave Flash. Este último é o trabalho final, que deverá ser transmitido pela Rede para os computadores dos usuários.

No caso do som, a configuração dos parâmetros de compactação é chamada de export settings (configurações de exportação).

Export Settings

Abrir a janela de configuração individual de um som é um exemplo de comando que só está disponível no Context menu. Isto mesmo, aquele menu que fica no botão direito do mouse, ou no Control+click do Mac, que tem sempre opções de comandos interessantes. Abra a library window, selecione o arquivo de som que deseja configurar e acione sobre ele o Context menu. Selecione a opção Properties. A última opção é justamente Export Settings, mas em Properties você tem todos os recursos da primeira e mais alguns, como veremos agora.

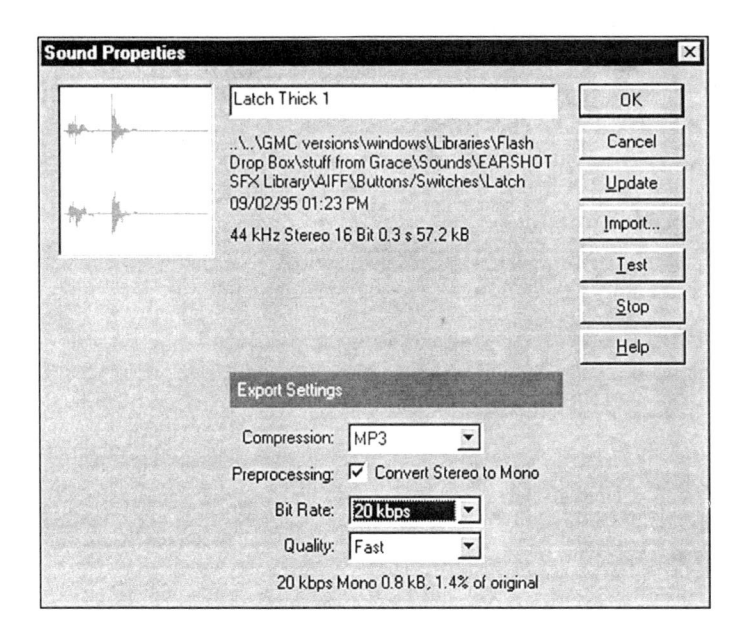

- **Update (Atualizar)**: Permite atualizar o arquivo dentro do Flash quando ele houver sido modificado externamente.
- **Import**: Permite que você importe um arquivo de som, que passará a ser o symbol que está sendo editado. Essa opção substitui o som existente pelo novo.
- **Test**: Reproduz o som que está sendo configurado.
- **Compression (Compactação)**: Selecione aqui o algoritmo que preferir. As opções são:
  - ➤ **MP3**: O algoritmo mais eficiente para reduzir o tamanho dos arquivos de som, mantendo um bom nível de qualidade. É sempre recomendável. A única exceção é se você for usar a opção, que veremos mais tarde, de exportar um movie no formato da versão 3 do Flash, pois esta versão não suporta MP3.

Apesar disto, o Flash aceita essas duas opções juntas. O resultado é que o movie vai ser apresentado e o som simplesmente não será reproduzido.

- ➤ **Convert Stereo to Mono**: Converte sons de stéreo para mono.
- ➤ **Bit Rate**: O MP3 oferece diversas opções de bit rates para compactação, que vão de 8 a 160 kbps. Quanto maior este nível, maior a qualidade e o tamanho do arquivo. Normalmente, o mínimo aceitável é 16 kbps.
- ➤ **Quality**: Oferece três opções: Fast (Rápido), Medium (Médio) e Best (Melhor). A opção Fast é a mais recomendada, mantendo um bom equilíbrio entre peso e qualidade.
- **ADPCM**: Outra opção de algoritmo de compactação. Tem uma eficiência bem menor que a do MP3, mas é reconhecido pelo Flash 3.
  - ➤ **Sample Rate**: As opções são 5, 11, 22 e 44 khz. Como já mencionamos, 44 khz é a taxa usada por gravações em CD. O melhor equilíbrio, normalmente, é obtido com 22 khz. Provavelmente você nunca vai querer usar 5 khz.
  - ➤ **ADPCM bits**: É a taxa de compactação usada por este algoritmo. As opções vão de 2 a 5 bits e, quanto maior, melhor a qualidade e maior o tamanho do arquivo.
- **Raw (Cru)**: É a opção para não utilizar compactação alguma. Permite a conversão para mono e a configuração da sample rate.
- **Default**: Esta opção serve apenas para remover outras configurações previamente definidas, pois faz com que o arquivo assuma as opções gerais de som, definidas ao configurar a geração do movie final.

Resumo

Vimos, neste capítulo, como integrar recursos de som ao nosso trabalho. Compreendemos os conceitos segundo os quais o Flash implementa a interação destes recursos com os demais componentes de um movie. Analisamos todas as técnicas e opções disponíveis para fazer com que os recursos de som valorizem nosso trabalho, acrescentando o mínimo possível de peso ao arquivo final.

Questões de revisão

1. Onde são encontrados os arquivos de som presentes em um movie?
2. É possível criar e editar arquivos de som dentro do Flash?
3. Qual a maior restrição ao uso de som em um movie?
4. Quais são os dois modos em que um som pode ser incluído em um movie?

Capítulo 8 · Sons

5. Quais os três fatores técnicos a considerar ao selecionar um arquivo de som para ser importado para o Flash?
6. Quando é usada a opção Custom Effect, nas propriedades de um arquivo de som?
7. Como fazer para evitar que trechos em branco, no início e no final de um som, pesem desnecessariamente no tamanho do arquivo final?
8. O que acontece com um som do tipo event quando o movie é interrompido durante sua reprodução?
9. Como criar uma trilha sonora que possa ser reproduzida por muito tempo sem pesar muito no tamanho do arquivo final?
10. Como acessar a janela Sound Properties?
11. Quais os dois algoritmos de compactação de arquivos de som utilizados pelo Flash?

Exercícios de revisão

1. Crie uma animação simples, com exatamente 40 frames, em que um objeto atravesse a tela de um lado a outro. Insira um dos sons encontrados na library do Flash no momento em que o movimento se inicia. Ao passar pelo frame número 20, faça com que o mesmo som se repita, mas juntamente com um segundo som diferente. Ao chegar ao final, faça com que um terceiro som diferente se repita 3 vezes sozinho, com o volume diminuindo.

2. Com uma animação igual à do exercício anterior, edite um mesmo sound symbol para que se reproduza de forma diferente nos frames 1, 10, 20, 30 e 40. (Note que, para dispor de cinco sons distintos, o Flash estará utilizando apenas um arquivo de som.)

CAPÍTULO 9

Actions

Vamos ver, agora, a parte mais sofisticada do Flash: a utilização de controles para determinar como o movie vai se desenrolar e, particularmente, como o usuário poderá interagir com um movie.

Como mencionamos anteriormente, o Flash dispõe de uma linguagem de script chamada ActionScript. Da mesma forma que uma linguagem de programação, uma linguagem de script é uma ferramenta utilizada para comunicar ao computador, de forma estruturada, as ações que ele deve executar. A diferença básica é que uma linguagem de script é mais simples e também mais limitada. Um código escrito com uma linguagem de programação é chamado de programa, ao passo que um código desenvolvido com uma linguagem de script é conhecido como um script. Esta diferença, no entanto, não impede que se desenvolvam scripts extremamente sofisticados.

Como uma linguagem de script, portanto, o ActionScript do Flash permite que se estruture sofisticadas séries de instruções para controlar o movie e até mesmo para controlar o browser em que um movie é apresentado na Internet ou trocar informações com o servidor da web onde o movie fica hospedado, realizando tarefas mais complexas, como pesquisas em bancos de dados e operações de comércio eletrônico.

Na condição de uma linguagem nativa do Flash, ou seja, que só funciona dentro dele, o ActionScript dispõe de um recurso extremamente conveniente, uma interface dentro do ambiente de produção do Flash que estrutura o script automaticamente a partir de instruções fornecidas por meio de menus e caixas de diálogo. Desta forma, você vai selecionando as instruções que quer programar o movie para executar e o Flash vai estruturando o script para você. Na verdade, você é quem vai criar toda a lógica do script, apenas sem a necessidade de traduzir toda ela para uma linguagem que o Flash compreenda.

Esta interface é tão simplificada que acaba por atrapalhar usuários mais experientes, que já têm a estrutura do script pronta na cabeça e não têm necessidade de ficar fornecendo as instruções passo a passo através dos menus e caixas de diálogo. Para o objetivo deste livro, no entanto, essa interface será perfeita. Veremos cada um dos comandos disponíveis no Flash, para controlar o movie e criar interatividade, fazendo com que ações sejam desencadeadas em associação com eventos iniciados pelo usuário. Deixaremos de lado estruturas mais complexas de programação, focalizando nossa atenção nos comandos existentes e em como eles podem ser utilizados de forma simples e intuitiva.

A interface

Uma ação pode ocorrer de duas formas: quando o movie alcança determinado frame ou quando o usuário interage com um botão através do mouse ou do teclado.

As actions que ocorrem associadas a um frame e a um botão são as mesmas. A diferença é que, no caso do frame, ela é desencadeada automaticamente quando o movie a alcança e, no caso de uma action associada a um button, há diversos eventos diferentes que podem acioná-la.

Buttons

No caso de um button, você define as actions em uma instance do symbol. Desta forma, pode programar diferentes instances de um mesmo button para executar diferentes actions em pontos diversos do movie. Neste caso, a interface para definição das actions encontra-se na guia Actions da caixa de diálogo Instance Properties, acessada através do menu Modify, opção Instance (não esqueça de selecionar antes o button na área de trabalho). Clicando no botão com o sinal de + você abre um menu com todas as actions disponíveis. Uma delas é exatamente a On MouseEvent, que permite selecionar os eventos do mouse ou tecla do teclado que serão programados para o button.

Você tem a opção de programar uma action para ser ativada quando uma determinada tecla for pressionada, mas este recurso precisa estar associado a um button. Você pode até criar um button invisível e programá-lo para executar uma ação quando determinada tecla for pressionada, como Enter, por exemplo. O usuário sequer saberá que tal button existe, mas para o Flash ele é necessário.

Vejamos os eventos que podem ser associados a um button para desencadear uma action exatamente no momento em que ocorrerem:

- **Press (Pressionar)**: É o momento em que o usuário aperta o botão do mouse sobre o button no movie. Note que isso não é, ainda, um clique. O clique se completa quando o botão do mouse é solto.

- **Release (Soltar)**: É o instante em que o usuário solta o botão do mouse, após apertá-lo, com o cursor sobre o button. Corresponde a um clique normal sobre o button e é o evento default.

Capítulo 9 · Actions

- **Release Outside (Soltar Fora):** É quando, após apertar o botão do mouse com o cursor sobre o button, o usuário retira o cursor de cima do button e, só então, solta o botão do mouse.
- **Roll Over (Rolar):** É o momento em que o cursor do mouse atinge a área do button.
- **Roll Out:** É o instante em que o cursor sai de cima da área do button.
- **Drag Over (Arrastar):** É uma situação especial. Ocorre quando o mouse é apertado com o cursor sobre o button, arrastado para fora da área do button e arrastado de volta para cima do button sem ser solto. O evento ocorre no instante em que o cursor volta para cima do button.
- **Drag Out:** É o momento em que o cursor é retirado de cima do botão com o mouse ainda pressionado.
- **Key Press (Pressionar Tecla):** É o momento em que uma tecla que você especificou é pressionada. Insira o cursor na caixa e aperte a tecla desejada para programá-la.

Você poderá associar quantos eventos quiser a uma mesma action, selecionando várias opções seguidas nesta caixa de diálogo. Por outro lado, pode associar diversas actions a um mesmo botão, tanto para eventos diferentes quanto para um mesmo evento. Por exemplo: On Roll Over: **Action1**; On Release **Action2**, **Action3**, **Action4** etc. Na verdade, dependendo das actions utilizadas, você pode criar complexas estruturas de comandos associados a um ou mais mouse events. Você verá como o Flash vai montando a estrutura do script sozinho, conforme você seleciona as opções.

Frames

Como vimos, além dos eventos ativados através de buttons, o outro tipo de evento que pode acionar uma action é o movie alcançar um determinado frame. Para que isto ocorra, você primeiro seleciona o frame e cria nele um keyframe. *Uma sugestão para ajudar na organização do trabalho é que você crie uma layer separada para manter apenas os keyframes que contêm actions.* Acione, então, a opção Frames, do menu Modify, e a caixa de diálogo Frame Properties se abrirá. Como no caso dos buttons, na guia Actions você encontra a interface do Flash para criação de scripts. Clicando no botão com o sinal de + você abre o menu com as actions disponíveis. A única exceção é a action On MouseEvent, exclusiva de buttons.

Vejamos, agora, as características de cada action disponível para associação com frames ou buttons, para serem usadas no controle de seu movie.

Actions

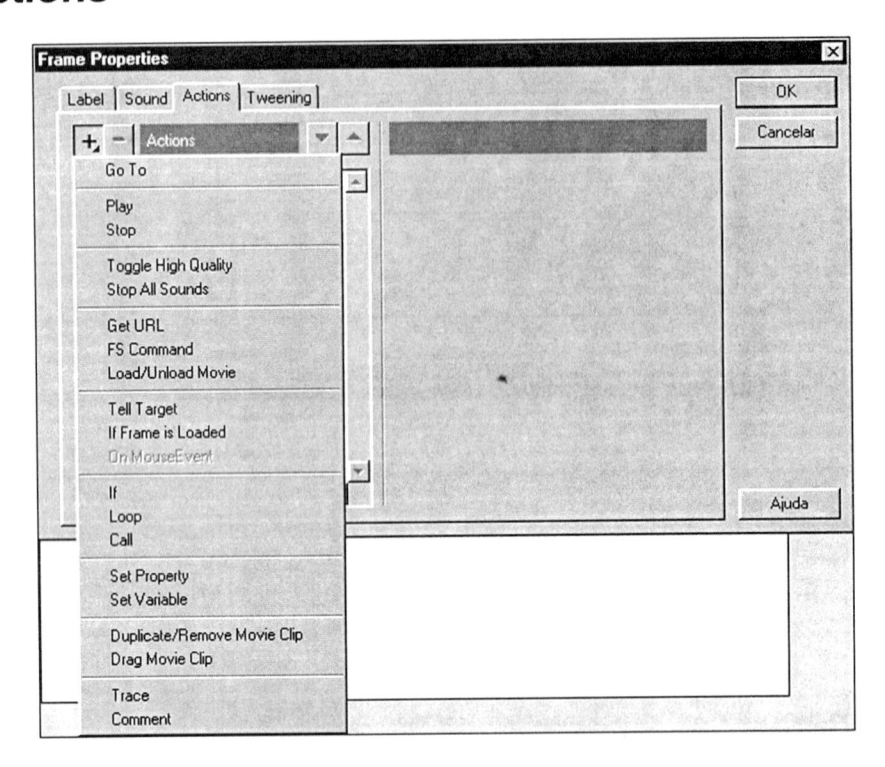

Vimos que o acesso ao menu de actions é obtido através do botão +. Clicando duas vezes sobre a action a ser usada você a insere no script, posicionando-a na linha seguinte à que estiver selecionada no momento. Selecionando uma das linhas do script e clicando no botão com o sinal – você elimina do script a linha que estiver selecionada. Com os botões ▼ e ▲ você move a linha selecionada para baixo e para cima no script.

- **Go To**: Você usa este comando para fazer o movie passar para um determinado frame.

    Os parâmetros para essa action são:

    ➤ **Scene:** Seleciona a scene para onde o movie vai passar. O default é a scene atual. Você pode selecionar uma scene pelo seu nome ou entre as opções previous scene (cena anterior) e next scene (cena seguinte), que definem as scenes anterior e posterior, respectivamente. Quando você opta por uma das duas últimas, não tem mais nenhuma opção, o movie vai para o primeiro frame da scene em questão e pára alí. Se você seleciona a scene pelo nome, todas as outras opções, que veremos a seguir, ficam disponíveis.

- ➤ **Frame:** Define o frame para onde o movie vai se transferir. Você pode usar as seguintes opções:
  - ♦ **Number:** Insere o número do frame escolhido.
  - ♦ **Label:** Se você definir um label para o frame-alvo, pode usar este label para atingi-la, mesmo que ela mude de número durante o desenvolvimento do trabalho. Se o label já existir e a scene for a atual, ele vai aparecer no menu desta opção. Caso contrário, você deverá inserir seu nome.
  - ♦ **Expression (Expressão):** Esta opção permite que você use uma expressão lógica do ActionScript para determinar dinamicamente a frame-alvo. O caso mais comum é usar a variável _currentframe (que mantém o valor do frame em que o movie se encontra no momento) como base para definir o alvo. Usar uma ActionScript expression do tipo (_currentframe + X), onde no lugar de X você coloca o número de frames que você quer que o movie avance, faz com que ele avance por este número de frames, independentemente de onde ele se encontra no momento da ação. Entre com a expression na janela que se abre.
  - ♦ **Next Frame:** Transfere o movie para o frame seguinte e pára alí. Não permite a opção Go to and Play.
  - ♦ **Previous Frame:** Da mesma forma, passa para o frame anterior e pára.
- ➤ **Control:** A opção default, do comando Go To, é ir para o frame determinado e parar alí. Selecionando a opção Go to and Play você faz com que o movie vá para o frame escolhido e continue avançando, conforme as instruções que encontrar.

- **Play:** Esta action é usada para determinar que um movie que se encontra parado reinicie a apresentação. Não há parâmetros.
- **Stop:** Determina que o movie pare quando ocorrer o evento associado a ele. Também não possui qualquer parâmetro.
- **Toggle High Quality:** Esta action ativa ou desativa a opção de antialias na apresentação do movie. Quando um evento a aciona, faz com que a qualidade da imagem seja trocada de high quality para normal ou vice-versa. A importância desta action é que, desativar a opção high quality, melhora o desempenho da reprodução do movie em máquinas mais limitadas, em troca de uma redução na qualidade da imagem. Não há parâmetros.
- **Stop All Sounds:** Encerra todos os sons que estejam sendo reproduzidos no momento em que for acionada. Esta action não desativa o som do movie. Qualquer som que seja acionado posteriormente irá iniciar-se normalmente. Seu uso mais comum é a criação de um button que permita ao usuário desligar totalmente os sons que estejam presentes.

- **Get URL**: Esta action permite que um arquivo seja trazido de um endereço determinado ou que variáveis do Flash sejam enviados para um outro programa. Seu uso mais comum é para abrir uma página da Internet. É muito útil, também, para enviar comandos de JavaScript para o browser onde o movie está sendo reproduzido, como se fosse um endereço.

  Seus parâmetros são:

  ➤ **URL:** Determina o endereço onde o arquivo deve ser pego. Use o formato absoluto (*http://endereco*) ou o relativo (*/diretorio/arquivo.xxx*), no caso de o arquivo estar no mesmo URL que o HTML do seu movie.

  ➤ Use a sintaxe *mailto:xxx@yyy.xxx.pp*, para criar um link de correio eletrônico. A action vai fazer com que o programa de e-mail do visitante se abra automaticamente para enviar uma mensagem ao endereço especificado.

  ➤ É através desse parâmetro, também, que você pode enviar comandos JavaScript ao browser. Use a seguinte sintaxe: *javascript*:COMANDOS.

  ➤ **Window:** Determina a janela ou um frame de uma janela em que o arquivo será carregado ou em que o javascript será executado. Você pode inserir um nome que tenha sido atribuído à janela ou frame convocado ou pode selecionar entre os seguintes parâmetros, originais do HTML:

      ♦ **_self**: Carrega o novo arquivo no mesmo frame, da mesma janela em que se encontra o movie atual, substituindo-o.

      ♦ **_blank**: Abre o arquivo em uma nova janela, mantendo a atual.

      ♦ **_parent**: Abre o novo arquivo na mesma janela, no frame que contém o frame onde se encontra o movie atual.

      ♦ **_top**: Carrega o arquivo convocado no frame principal da janela atual.

  ➤ **Variables (Variáveis)**: Determina se o comando será usado para enviar variáveis para outra aplicação e, neste caso, o método de envio que será utilizado.

      ♦ **Don't send**: Opção default, utilizada quando não estiver enviando variáveis.

      ♦ **Send Using GET**: Usado para enviar um volume pequeno de variáveis, através do método GET, original do HTML.

      ♦ **Send Using POST**: Usado para enviar um volume maior de variáveis. Utiliza, também, um método originário do HTML, o POST.

- **FS Command**: Esta action pode ser usada com dois objetivos:

  ➤ **Enviar comandos JavaScript** para o browser em que o movie estiver sendo reproduzido.

Esta operação demanda conhecimento de programação em JavaScript. Crie uma função em JavaScript, de nome NomeDoMovie_DoFSCommand, no HTML da página em que o movie está contido, e que utilize os parâmetros command e args. Ou seja, *function NomeDoMovie_FSCommand(command, args)*. Programe normalmente o que desejar que a função execute. No Flash, defina os parâmetros a serem utilizados pela função através das caixas Command e Argument. Este recurso foi projetado especialmente para criar funções do tipo: *Se* command igual a "Command" *faça instrucaoJavaScript*(args). Mas, naturalmente, você poderá fazer o que quiser usando estes dois parâmetros.

Sempre que você publicar o movie, como veremos no próximo capítulo, o Flash criará esse código automaticamente no HTML.

➤ **Controlar um movie apresentado localmente** com o Flash Player, o chamado standalone (autônomo), ou a partir de um arquivo Flash executável (.exe), reproduzido através do Flash Projector *(veremos mais a respeito no próximo capítulo)*.

Os seguintes parâmetros podem ser selecionados no menu **For standalone player:**

- ♦ **fullscreen [true/false]:** Esta opção envia o comando fullscreen para o player que, com o valor true em Arguments, faz com que o movie seja reproduzido em tela cheia. Com o valor false você mantém a tela de apresentação nas dimensões originais, predefinidas, incluindo a janela e o menu.

- ♦ **allowscale [true/false]:** Usar este comando com a opção true faz com que as imagens do movie sejam redimensionadas quando a tela de apresentação mudar de tamanho. Aplicando-se a opção false, as imagens manterão suas medidas originais, independentemente do tamanho em que a tela for dimensionada.

- ♦ **showmenu [true/false]:** O menu apresentado na janela do player pode ser eliminado através da opção false deste comando. Acionar a opção true faz com que ele volte a aparecer.

- ♦ **exec:** Um recurso que pode ser de grande utilidade. Com este comando você pode fazer com que, através de um botão, por exemplo, qualquer programa disponível na máquina em que o player esteja rodando seja acionado. Entre com o endereço (path) do arquivo .exe na janela Arguments.

- ♦ **quit:** Este comando permite que o player seja fechado pelo usuário ou em função de algum outro evento. Não possui parâmetro algum.

• **Load/Unload Movie:** Com este comando você abre e fecha diferentes Flash movies durante uma apresentação. Pode ser usado também para trocar variáveis com um arquivo remoto.

O Flash permite que você carregue e descarregue outros movies em uma mesma sessão, posicionando-os em diferentes níveis. O nível 0 é o básico, onde o primeiro movie é carregado automaticamente, e sobre ele você pode utilizar os níveis 1, 2, 3 etc.

O fator mais importante a observar, ao fazer isto, é que qualquer movie que seja carregado posteriormente assumirá as dimensões, a cor do background e a velocidade do movie de nível 0.

Os parâmetros são os seguintes:

➤ **Action:** Determina o que a action vai executar.

- **Load move into location:** Usado para carregar um novo movie.
- **Unload movie from location:** Opção para descarregar um movie.
- **Load variables into location:** Usado para carregar variáveis, em um movie ou movie clip, a partir de um arquivo remoto.

➤ **URL:** Aqui você entrará com o endereço onde se encontra o movie que vai carregar. Se o mantiver no mesmo diretório que o arquivo HTML atual, coloque simplesmente seu nome, no formato *nomedomovie.swf*. Se estiver em qualquer outro local, mesmo em um outro servidor, basta especificar o seu path absoluto ou relativo.

No caso de estar carregando variáveis, entre com o endereço do arquivo remoto correspondente, acompanhado das variáveis a serem passadas a ele, quando necessário.

➤ **Location:** Você pode escolher entre carregar ou descarregar um movie em um dos levels (níveis) ou especificar um movie clip existente como alvo. Veremos, com detalhes, como dirigir as actions para diferentes levels, movies e movie clips mais adiante, com a action Tell Target (Avisar Alvo).

- **Level:** Para carregar ou descarregar um movie na área de trabalho, você entra com o número do level em que o movie será carregado ou o do level em que o que será descarregado se encontra.

  No caso de carregar variáveis, você especifica aqui o level em que se encontra o movie ou movie clip que as receberá. Quando um movie é carregado em um level que já contém um outro, é feita a substituição automática. Note que todos os levels estão associados ao level0. Carregando um novo movie no level0 você substitui o atual e descarrega todos os demais automaticamente.

- **Target:** Você pode carregar um novo movie em substituição a um movie clip existente, fazendo com que ele assuma a instance do movie clip alvo e, conseqüentemente, algumas de suas propriedades, como posição e dimensionamento.

  É, também, através desta opção que você descarrega um movie que tenha sido carregado dentro de uma instance de um movie clip.

  Na caixa target, você entra com o nome da instance do movie clip alvo.

  No caso de estar carregando variáveis, você especifica aqui o nome da instance do movie clip correspondente às mesmas.

➤ **Variables:** Use esta opção quando você estiver carregando variáveis de um arquivo remoto. Quando não for o caso de enviar variáveis, use a alternativa **Don't send**. Quando precisar transmitir variáveis, use **Send using GET** ou **Send using POST**, conforme vimos no caso da action Go To URL.

Capítulo 9 · Actions **103**

- **Tell Target:** Como comentamos nos primeiros capítulos, o Flash permite a criação de uma complexa estrutura de movies e movie clips, uns dentro dos outros, e cada um destes elementos possui sua própria timeline. Com a action tell target você direciona outras actions a uma timeline específica, controlando, assim, qualquer destes elementos a partir de outro.

  Ao selecionar tell target na interface para criação de scripts, o Flash cria automaticamente os comandos Begin Tell Target e End Tell target e passa a inserir entre eles as actions que você selecionar a seguir. Com isso, estas actions passam a ser direcionadas à timeline do objeto, movie ou movie clip, que você determinou como target.

  Target: É o único parâmetro existente para esta action.

  Como já vimos, cada instance de um movie clip deve receber seu próprio nome (Instance name), através da caixa de diálogo Instance Properties.

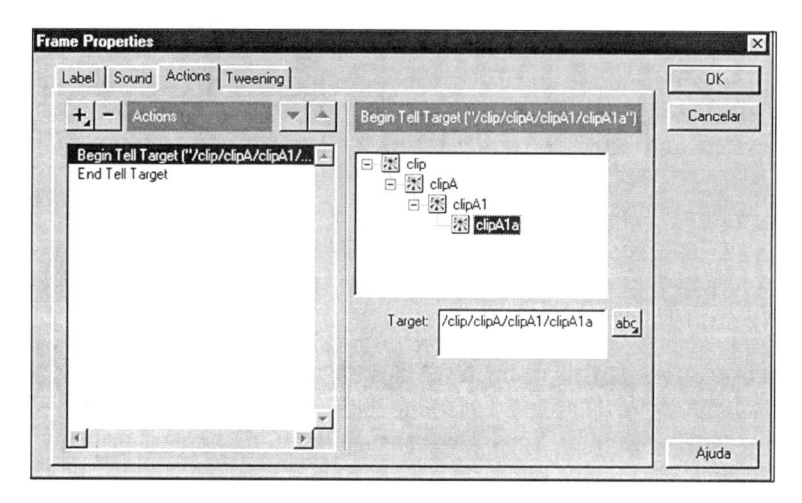

A interface permite, na maioria das vezes, que você selecione visualmente o target desejado através de uma estrutura hierárquica, que permite identificá-lo facilmente pelo nome. Localizando o target desejado no quadro, basta clicar duas vezes nele para selecioná-lo.

Haverá, no entanto, situações em que o elemento pretendido não vai aparecer no quadro. Nestes casos, você deverá inserir o caminho para ele, manualmente, na janela Target.

Movies serão identificados pelo level em que estão carregados, com o formato _level0, _level1, _level2 etc. Vejamos, então, como determinar o caminho para um movie clip através da hierarquia em que são organizados, praticamente a mesma do sistema de arquivos e diretórios em um micro.

Você pode fornecer o caminho relativo, usando como ponto de partida o movie clip de onde a action partirá, ou o caminho absoluto, ou seja, desde o movie em que o target está contido até ele. No último caso, não faz diferença o local de onde o comando está partindo.

➤ Para referenciar um movie clip contido no movie em que o comando tell target será aplicado, usa-se o sinal / seguido do nome do movie clip. Por exemplo, para definir como target um movie clip chamado Clip, você escreveria /Clip na caixa Target.

➤ Para referenciar um movie clip contido em um outro movie clip intermediário, que por sua vez está contido no movie em que o comando será aplicado, usa-se o sinal / seguido do nome do movie clip intermediário, seguido de outra / e o nome do movie clip alvo. Teríamos, então, algo do tipo /Clip/ClipA, por exemplo.

Complicado? Na verdade, é mais complicado descrever em palavras do que compreender a estrutura. Mas vamos lá.

➤ O resultado é uma estrutura do tipo /Clip/ClipA/ClipA1/ClipA1a etc., que você usaria para referenciar o movie clip chamado ClipA1a, contido no movie clip chamado ClipA1, contido em ClipA, contido em Clip e que, finalmente, está contido no movie em que você está aplicando o comando tell target.

➤ Se o comando parte de um movie clip, em vez de partir de um movie, você começa o caminho pelo nome do movie clip sem /. Assim, se você fosse referenciar o movie clip ClipA1a de dentro do ClipA, usaria o caminho ClipA/ClipA1/ClipA1a.

➤ Usando ../ em vez de /, você referencia o objeto superior. Assim, para enviar um comando a um movie ou movie clip, a partir de um movie clip contido nele, você usa apenas ../.

A partir de um movie clip de nome ClipA, para referenciar o movie clip de nome ClipB, contido em seu próprio nível, você usaria ../ClipB.

➤ Como vimos, um movie pode ser referenciado pelo seu level, usando-se a sintaxe _level*n*. Assim, a partir de qualquer movie ou movie clip, é possível referenciar um movie clip de nome ClipX, contido em um movie carregado no level*n*, através do caminho _level*n*/ClipX.

É importante notar que um movie clip só pode receber um comando quando estiver presente no momento da chamada. Se sua participação na apresentação for encerrada em determinado frame, ele não estará mais acessível a partir do frame seguinte.

- **If Frame Is Loaded:** Esta action funciona de forma semelhante à tell target, com o Flash criando automaticamente as linhas de comando If Frame Is Loaded() e End Loaded e inserindo as actions que você selecionar entre eles.

Sua função é fazer com que as actions inseridas nela só sejam executadas se um determinado frame já tiver sido carregado e, portanto, seu conteúdo já estiver presente. Com isso, você pode evitar que algum evento seja acionado sem que os elementos necessários à sua execução tenham sido carregados.

Note que esta action não pode ser usada dentro de um comando tell target, ou seja, não é possível fazer com que a timeline de um objeto aguarde o carregamento de um frame de um outro objeto.

O uso mais comum para esta action é o chamado loader (carregador), mecanismo que permite manter um determinado evento sendo repetido enquanto uma determinada parte do movie, ou o movie inteiro, termina de ser carregada. É o já mencionado movie clip que mostra a mensagem "Carregando", normalmente encontrado em Flash movies. Veremos, mais tarde, exatamente como criar este mecanismo.

Os parâmetros desta action são semelhantes aos da action Go To:

➤ **Scene:** Selecione a scene a que pertence o frame a ser verificado. Não utilizando esta opção, você define a presente scene como contexto.

Capítulo 9 · Actions

➤ **Frame:** Do mesmo modo que na action Go To, você pode determinar o frame escolhido ou através de seu **número** ou utilizando um **label** ou uma **expression**.

- **If:** Esta action é utilizada em conjunto com outras para criar estruturas lógicas de comandos, que instruem o Flash a realizar procedimentos mais complexos. O Flash também insere as actions seguintes automaticamente entre dois comandos: If() e End If. É uma instrução que faz com que as ações seguintes só sejam executadas se uma condição previamente especificada existir.

    Parâmetros:

    ➤ **Condition (Condição):** Aqui, insere-se a condição que se deseja confirmar para que as actions selecionadas sejam executadas.

    ➤ **Add Else/Else If clause:** É um comando opcional, que permite definir o seguimento do script caso a condição não seja verdadeira.

- **Loop:** Outra action utilizada na composição de uma estrutura de comandos. Nela, o Flash insere as actions seguintes entre os comandos Loop While() e End Loop. As actions selecionadas a seguir serão executadas repetidamente enquanto uma determinada condição, que se altera dinamicamente, se mantiver verdadeira. Assim que a condição é verificada como falsa o script encerra o loop.

    Parâmetro:

    ➤ **Condition:** Aqui, insere-se a condição que deve manter-se verdadeira para que os comandos aninhados no loop continuem a ser executados.

- **Call:** Esta é uma action extremamente útil para facilitar seu trabalho, evitando duplicação de esforços. Uma vez que você criou uma action em um determinado local, não é necessário criá-la novamente ou mesmo copiá-la e colá-la para usar novamente esta mesma action em outro objeto. Você pode usar este comando para invocá-la de onde estiver e fazer com que seja executada novamente, associada a um outro objeto. Ou seja, pode usar quantas vezes quiser uma mesma action, em buttons e frames diferentes, mantendo-a em um único local.

Uma forma de aproveitar ao máximo este recurso é criar um movie especial, contendo apenas as actions que você achar que poderá vir a utilizar novamente distribuídas ao longo dos frames, com labels que identifiquem cada uma e deixá-lo em um servidor. Sempre que quiser utilizar alguma delas você simplesmente carrega este movie e usa o comando call para "chamar" as actions desejadas, associando-as a objetos locais.

Parâmetro:

➤ **Frame:** O único parâmetro desta action é o endereço do frame onde a action se encontra. A forma de fazer referência ao frame desejado é a mesma usada nas demais actions, como Go To, If Frame Is Loaded ou Tell Target, mas aqui você deverá entrar com o endereço manualmente. Se o frame em questão se encontra na mesma timeline, você simplesmente escreve seu número ou label. Se estiver em outra scene, você terá que usar um label. Caso esteja em outro movie clip, use o formato de endereço que vimos para o target, seguido de " : " e o label. Uma action existente em um botão que esteja no frame de label "alvo", no movie clip "Show", por exemplo, será referenciada com o endereço /Show:alvo.

Para chamar uma action existente em outro movie, o mesmo deverá ter sido carregado anteriormente. A sugestão, quando você for usar o recurso do movie só de actions, é carregá-lo em um nível *n* qualquer logo no primeiro frame do movie atual, para que ele esteja disponível a qualquer momento. Use, então, um endereço no formato _level*n*:*label*, como parâmetro da action call.

- **Set Property:** Todo movie clip possui uma série de propriedades, que são representadas por variáveis especiais no ambiente do Flash. Estas variáveis podem ser alteradas, com os novos valores se refletindo no movie clip durante a apresentação do movie. Através desta action você define os valores que desejar para as mesmas.

Parâmetros:

> **Set "property" of:** Este parâmetro oferece um menu, contendo as properties que podem ser configuradas.
>
> ♦ **X position:** É a posição horizontal de um movie clip. Quando o movie clip se encontra em um movie, sua X position é definida usando como origem o canto esquerdo do stage. Quando o movie clip se encontra dentro de outro movie clip, suas coordenadas são definidas em relação ao registration point do movie clip hospedeiro. Note que, se este hospedeiro sofrer transformações, as propriedades do movie clip contido nele mudam, de forma correspondente, em relação ao stage. Selecione o movie clip a ser alterado na janela Target e entre com a medida desejada na janela Value (Valor).
>
> ♦ **Y position:** De forma correspondente, esta propriedade define a posição vertical de um movie clip.
>
> ♦ **X scale:** Esta propriedade define o redimensionamento da largura de um movie clip. O valor 100, correspondente a 100%, significa que o movie clip tem a mesma largura do symbol original, ou seja, não sofreu qualquer alteração. Um valor de 50 significa uma largura igual a 50% do original, 200, 200% etc. A mudança desta propriedade ocorre a partir do registration point.
>
> É importante ter em mente que uma mudança nas dimensões de um movie clip afeta a própria unidade de medida das propriedades de posição (X e Y). Para uma escala normal, de 100%, a unidade é 1 pixel. Quando a escala muda, para 150%, por exemplo, a unidade de medida das propriedades de posição passa a ser 1,50 pixels e assim por diante.
>
> ♦ **Y scale:** Corresponde ao redimensionamento vertical do movie clip. Sua definição é a mesma de X scale.
>
> ♦ **Alpha:** Essa property funciona da mesma forma que a opção color effect > alpha, encontrada na janela Instance Properties de um movie. Serve para aplicar um determinado grau de transparência ao movie clip. A diferença é que através de uma action você pode alterar essa property dinamicamente.
>
> Como em outras properties, você seleciona a opção Alpha no menu, seleciona o movie clip a ser configurado em Target e, na janela Value, entra com um valor entre 0 e 100, para aplicar uma transparência que varia de total até nenhuma, respectivamente.

➤ **Visibility (Visibilidade):** Também se refere a transparência, mas serve para fazer com que um movie clip fique visível ou invisível. A grande diferença entre estabelecer um valor alpha igual a zero e determinar que um clip ficará invisível é que, no caso do alpha, o clip permanece com todas as suas funções operando normalmente, apenas a visibilidade se altera. Usando visibility = false você faz com que o movie clip realmente desapareça de cena, pois nenhuma de suas funções estará disponível, nem em buttons nem em frames. Quando você aplica um valor de alpha igual a zero em um movie clip, o cursor continua interagindo normalmente com seus elementos quando passa sobre sua área de hit. Visibility = false, ao contrário, faz com que o clip deixe de existir até que sua visibility seja restaurada. Para tornar um movie invisível você pode usar como parâmetro, na caixa Value, a expressão false ou o valor 0. Usar a expressão true ou qualquer valor numérico diferente de zero torna o movie clip visível.

➤ **Rotation (Rotação):** A property rotation define, em graus, a inclinação de um movie clip. Você pode usar valores positivos ou negativos, e 360 significa uma volta completa, ou seja, equivale a zero. 270 corresponde a –90 e assim por diante.

Como no caso das properties X e Y, a rotation é afetada pelas transformações aplicadas sobre o movie clip que contenha o atual e que se refletem em movie clips que estejam contidos nele.

➤ **Name:** A property name serve para alterar o nome de uma instance de um movie clip dinamicamente. Já vimos, que para aplicar uma action sobre uma instance de um movie clip, esta deverá ter recebido um nome próprio. Você pode, por exemplo, em determinadas circunstâncias, emprestar temporariamente o name de um movie clip existente para outro, fazendo com que este receba actions programadas para aquele. Ou, pelo contrário, mudar o nome de um movie clip temporariamente para que ele não receba determinadas action já programadas. Entre com o nome atual do clip em Target e com o novo nome em Value.

➤ **High quality:** Já vimos que é possível determinar se o movie será apresentado com uma qualidade de imagens baixa e melhor desempenho ou ao contrário. Configurando esta property, você pode alterar este modo a qualquer momento, com um botão em que o usuário possa escolher, por exemplo. Esta é uma propriedade global, ou seja, não afeta apenas um movie clip, mas todo o movie. Por isso, a janela target não fica disponível. Você pode determinar três diferentes values:

- Low quality: Não aplica o recurso de antialiasing. Value = 0.
- High quality: Aplica antialias e suaviza bitmaps quando não houver animações. Bitmaps em animações não são suavizados. Value = 1.
- Best quality: Aplica antialiasing e suaviza bitmaps em qualquer caso. Value = 2.

➤ **Show focus rectangle:** Outra global property. O usuário poderá percorrer os buttons existentes em seu movie utilizando a tecla Tab. Ao fazê-lo, o button apresentará seu estado over normalmente, como se o cursor tivesse sido posicionado sobre ele. Nestes casos, o Flash, por default, cria um retângulo amarelo em torno do botão. Você pode eliminar a aparição deste retângulo estabelecendo false ou 0 como value para esta property. A opção true ou qualquer valor diferente de zero ativa novamente o retângulo.

- **Sound buffer time:** A terceira global property, que serve para que você ajuste o desempenho de sons em streaming. Contém o número de segundos de som que são armazenados antes de começar a tocar. O default é cinco e você pode alterá-lo entrando com o número de segundos desejado na janela value.

Para um uso mais avançado das properties, sobre o qual não vamos entrar em detalhes, você pode usar a expressão GetProperty(_property) para obter o valor de uma property em um dado momento. Usando como parâmetro a variável referente a uma property, como _rotation, por exemplo, você obtém seu valor no objeto atual. Para obter o valor da rotation de um outro objeto, por exemplo, use a sintaxe GetProperty("/objeto:_rotation"). Outra sintaxe importante para uso mais avançado é a que utiliza o símbolo & para compor uma expressão unindo variáveis e textos. Com ele, você cria argumentos como "http://"&X, ../clip&n , "Posição ="&X etc.

> **Set Variable:** Esta action é utilizada para criar e atribuir valores a variáveis. Pode ser usada, também, como alternativa para alterar propriedades de um movie clip diretamente, pois cada propriedade é uma variável onde seu valor, no momento, fica armazenado, e todas elas podem ser manipuladas por você.

A maior utilidade de poder configurar variáveis, porém, é para criar scripts mais sofisticados, onde você pode armazenar informações sobre o que está ocorrendo para usá-las conforme a necessidade.

Note que cada movie clip tem variáveis contendo o valor de suas propriedades, com os mesmos nomes para cada uma. Tanto o movie clip Esfera quanto o movie clip Painel, por exemplo, terão uma variável chamada _X, outra chamada _Y etc. Mas, apesar dos mesmos nomes, elas são totalmente independentes, sendo identificadas justamente pelo target, que contém o instance name do movie clip. O instance name permite que diferentes instances de um mesmo symbol possuam, cada uma, suas próprias variáveis.

Através desta action, você entra com o nome da variable na janela Variable e com o valor numérico ou expressão que lhe será atribuído na janela Value. Se uma variável não existe, você pode criá-la automaticamente, inserindo o nome que quiser atribuir-lhe na janela Variable. *Procure usar nomes que as identifiquem facilmente.* A partir de então você pode acessá-la, em qualquer situação, com a sintaxe que vimos para a action Call, ou seja, /nomedoclip:nomedavariavel. Se você cria, por exemplo, uma variável chamada contador, no movie clip Tabela, pode obter seu valor ou alterá-lo, usando esta action, através do endereço /Tabela:contador. Em suma, para alterar o valor de uma variável, use a action Set Variable com os parâmetros Variable = nomedavariavel e Value = novovalordavariavel. Para criar uma nova variável faça o mesmo, usando o nome que quiser dar a ela.

- **Duplicate/Remove movie clip:** Com esta action você pode criar, dinamicamente, quantas cópias quiser de um movie clip e remover as cópias criadas.

Parâmetros:

> **Action:** Determina se a action vai duplicar um movie ou remover um movie previamente duplicado. Quando o original é removido, todas as suas cópias também o são.

Capítulo 9 · Actions

É importante lembrar que, independentemente do frame em que o original se encontre no momento da criação da cópia, este sempre começará a se apresentar a partir do frame inicial.

➤ **Target:** Como nas demais actions, você determina aqui a localização do movie a ser duplicado ou removido. Isto pode ser feito visualmente ou manualmente, segundo a sintaxe já analisada.

➤ **New name:** Toda instance de um movie clip precisa ter um nome para que possa ser localizada por alguma action. Escolha o nome para aquela que vai ser criada.

➤ **Depth (Profundidade):** Este parâmetro define uma estrutura semelhante às que já vimos para carregar novos movies. Cada cópia de um movie clip deve ficar em um nível separado. Assim, eles vão sendo empilhados a partir do level 0. Se você criar uma cópia no mesmo nível de um outro, este último será substituído pelo novo. Assim, ao usar esta action para criar uma cópia de um movie clip, informe neste campo o número do nível em que ela será criada.

Para remover um clip não é preciso especificar o level, basta entrar com seu nome.

- **Drag Movie Clip:** Usando esta action, você permite que o usuário mova um movie clip do movie pela tela usando o mouse, mas apenas um de cada vez, porque quando você torna um movie clip draggable (arrastável), outro que estiver nesta condição no momento vai perdê-la. Mas esta mesma action permite que você remova esta propriedade a qualquer momento.

Quando você torna um movie clip draggable, ele fica acompanhando o cursor permanentemente, até que alguma action o libere. Com isso, o controle do usuário fica muito limitado.

A solução, para que o usuário possa pegar um objeto, arrastá-lo e soltá-lo onde quiser, é usar um button com uma action que faça o movie clip se tornar draggable, quando o usuário apertar o mouse sobre ele, e o contrário quando ele soltar o mouse.

Mas, para isso, o objeto teria que ser um button e não um movie clip, e buttons não podem se tornar draggable, apenas movie clips, certo? Certo, mas há uma solução. Você lembra que um symbol pode ser composto de outros symbols? E se o movie clip for composto por um button? Esta é a saída. Você cria um novo movie clip desde o início, usando o comando New Symbol, do menu Insert. No modo de edição que se abrirá, você cria ou insere o objeto que quer permitir que o usuário arraste, seleciona-o e, com o comando Convert to Symbol, também do menu Insert, você o transforma em um button. Agora, deve definir como serão as actions para este button. Primeiro defina que on press fará com que o movie clip em que o button está contido torne-se draggable. Isto fará com que, ao apertar o mouse sobre o objeto, o usuário possa arrastá-lo. Segundo que on release fará com que o movie deixe de ser draggable. Assim, o usuário vai apertar o mouse sobre o objeto, arrastá-lo e, quando soltá-lo no destino, o objeto deixará de ser draggable e permanecerá ali até que o mouse seja apertado sobre ele novamente.

O Flash oferece, também, uma variável que registra o nome do objeto sobre o qual um outro é liberado, após ser arrastado. É a variável _droptarget. Usando essa variável em combinação com actions como IF e Tell target, por exemplo, você pode criar um script que verifique se o objeto foi liberado sobre algum outro. Com isso, você pode definir que, se o usuário largou o objeto no lugar correto, um determinado evento ocorrerá. O código mais simples para fazer isto seria algo como:

```
On (Press)
   Start Drag ("../objeto")
End On
On (Release)
   Stop Drag
   If (_droptarget = "/alvo")
      Go to and Play ("acertou")
   End If
End On
```

Como vimos, o Flash cria praticamente sozinho um código como este. Neste exemplo, com actions do button você apenas seleciona o movie clip a ser arrastado "on press", escolhe parar de arrastar "on release", coloca a condição do IF como _droptarget = nomedomovieclipalvo e seleciona GO TO algum "label" se a condição for verdadeira. O código anterior seria criado automaticamente.

Para o grau de interatividade que proporciona, este é um código muito simples.

Vejamos, agora, como aplicar a action Drag Movie Clip:

Parâmetros:

- **Start drag operation:** Opção a ser selecionada para tornar um movie clip draggable.

- **Target:** Aqui você entra com o endereço do objeto a ser tornado draggable visualmente, pelos botões abc e Target editor, ou manualmente, de acordo com a sintaxe vista. Note que no exemplo citado o target da action Start Drag está como ../objeto. Como a action está sendo executada dentro de um movie clip inserido no movie principal, o sinal ../ referencia o movie superior e "objeto" é o nome do clip. Isto se traduz como: O movie clip chamado objeto, que pertence ao movie que está acima deste em que estamos.

- **Constrain to rectangle (Limitar a retângulo):** Quando você aplica a action Start Drag a um objeto, ele pode ser arrastado por qualquer lugar da tela durante a apresentação. Selecionando esta opção, você define a área dentro da qual o objeto poderá ser arrastado e o Flash não deixará que ele seja levado para além dela. Você define esta área como um retângulo, delimitado pelas coordenadas que você inserir nos quatro campos abaixo. Tenha em mente que estas coordenadas são relativas ao objeto onde está contido o movie clip que se tornará draggable.

- **Lock mouse to center:** Essa opção faz com que, ao ser arrastado, o objeto fique com seu centro posicionado sob o cursor. Isto geralmente torna tudo mais fácil para o usuário.

➤ **Stop drag operation:** É a opção a ser selecionada quando o objetivo da action for fazer com que um objeto deixe de ser draggable. Neste caso, não é necessário parâmetro algum, nem mesmo o nome do movie clip, uma vez que somente um deles pode ser draggable de cada vez.

• **Trace:** Esta action é utilizada para monitorar como as actions criadas estão funcionando. Você coloca como único parâmetro uma mensagem, que aparecerá em uma janela própria quando o movie estiver sendo testado. Coloque a action Trace de forma que ela seja acionada ao ocorrer um determinado evento. Esta mensagem pode conter expressões e textos misturados. Se você colocar variáveis como parte da mensagem, a janela mostrará seus valores conforme a situação.

Outros recursos para ajudar a rastrear os resultados da execução de actions são as janelas acionadas no próprio ambiente de teste com os comandos List Variables e List Objects, no menu Control.

• **Comment:** A última action do menu é um recurso para organização do trabalho. Você pode usá-la para inserir comentários dentro de um script, para que você mesmo ou outras pessoas que venham a lidar com o movie possam se orientar com facilidade. Seu único parâmetro é o próprio texto do comentário a ser inserido.

Exemplos comuns

Vamos ver, agora, como implementar 3 recursos comuns, usados em Flash movies.

Loader

O loader é o recurso que faz com que o movie fique parado até que determinado frame tenha sido carregado.

Como um Flash movie funciona em streaming, ou seja, começa a ser reproduzido assim que o primeiro frame é carregado, e continua sendo reproduzido enquanto o restante vai sendo carregado, o loader é usado, normalmente, para que o movie só comece a ser apresentado quando estiver todo carregado através da Rede, evitando que chegue em algum ponto antes que o conteúdo necessário à sua reprodução neste ponto esteja presente. Geralmente, é usada uma animação, com a mensagem "Carregando", por exemplo, que fica se repetindo até estar tudo pronto.

Siga estes passos para criar um loader que aguarde o movie todo carregar:

1. Primeiro, crie o movie clip que ficará se repetindo durante a espera.
2. Crie uma nova layer no movie principal, acima de todas, com o nome de "loader".
3. No último frame do movie, insira um keyframe nesta layer e coloque nele o label "cheguei".
4. No frame 5, insira um keyframe e coloque nele o label "vai".
5. No frame 3, insira um keyframe, coloque nele o label "volta" e a action Go to and play (label) "testa".

6. No frame 1, coloque o label "testa" e a action If Frame Is Loaded (label) "cheguei" Go to and play (label) "vai".
7. Agora, crie uma nova layer com o nome que você deu ao clip, coloque-o em seu frame 1 e insira um keyframe vazio em seu frame 5.

Pronto. Ao reproduzir o primeiro frame o movie vai verificar se o conteúdo do frame "cheguei", o último, já foi carregado. Se não tiver sido, ele não fará coisa alguma e o movie prosseguirá normalmente. Quando chegar no frame "volta", será forçado a voltar para o frame "testa", o primeiro, e testar novamente se "cheguei" já chegou. Ele continuará, portanto, neste loop enquanto o último frame não tiver sido carregado.

Quando, ao testar, ele verificar que "cheguei" já chegou, ele vai executar o comando Go to "vai", saltando o comando que o faz retornar, encerrando o loop e prosseguindo na reprodução do movie.

Durante o loop, o movie clip estará sendo reproduzido continuamente. Ao sair do loop, alcançando o frame 5, o keyframe vazio fará com que ele suma.

Lembre-se que, entre os frames 1 e 5, só deverão existir os objetos que você quiser que apareçam durante a espera, como o movie clip. O início, de fato, do movie deverá ser colocado a partir da label "vai".

Não esqueça, também, que os comandos Go to devem ser do tipo go to and play e não o default, Go to and stop.

Botão de som ON/OFF

Outro recurso comum é a criação de um button que permita ao usuário ligar e desligar a trilha sonora. Ele é recomendado especialmente quando você usa um som em loop, pois, por mais interessante que seja, o som pode começar a irritar mediante a repetição. E o fato de não poder desligá-lo pode multiplicar essa irritação exponencialmente.

Uma das formas de criar o button ON/OFF é através dos seguintes passos:

1. Crie um button que vai servir para desligar o som e outro que vai ligar.
2. Crie um novo movie clip e coloque o button Desligar em seu frame 1 e o buttron Ligar no frame 2.
3. Coloque a action Stop em cada um dos dois.
4. No button Desligar, coloque as actions Stop All Sounds e Go To Next Frame. Mantenha o evento On Release, que é o default.
5. No button Ligar, coloque a action Go To Previous Frame, também On Release.
6. Edite o button Ligar e coloque em seu frame Down a mesma configuração que você usou para fazer o som começar a tocar.

Este é um button que liga e desliga um som. Na verdade, ele é um movie clip com dois botões em seu interior.

O som que ele vai controlar deverá ser configurado para começar a tocar normalmente, no frame que você escolher. Coloque o movie clip em uma layer própria, no mesmo frame em que o som começa.

Ao clicar no movie clip, o usuário vai acionar o button Desligar dentro dele. Com isso, a action on release stop all sounds vai desligar o som e a action go to next frame fará desaparecer o botão Ligar. Ao clicar de novo no movie clip, o usuário irá, desta vez, acionar o som ao ativar a posição down do button, e a action on release go to previous frame fará com que o movie clip volte a apresentar o button Desligar.

Menu pop up

Vamos ver, agora, uma forma de criar um menu do tipo Pop Up, aquele que se abre quando o cursor é colocado sobre um botão e se fecha (quase sempre) quando ele é retirado.

1. Crie um button retangular, que vai ativar o menu.
2. Selecione-o e crie um movie clip com ele.
3. No movie clip, crie quatro novas layers: actions, texto, botões e fundo. Dê o nome de "gatilho" à layer onde está o button.
4. Coloque, acima de todas, a layer actions e, abaixo dela, as layers texto, botões, gatilho e fundo, nesta ordem.
5. Crie um keyframe para cada uma das cinco layers no frame 5.
6. Na layer actions, coloque o label "fecha" no frame 1 e "abre" no 5; depois, coloque a action Stop em cada uma.
7. No frame 1, insira no button a action On Roll Over Go to and stop "menu".
8. O frame 1 está pronto. Todos os passos agora serão efetuados no frame 5.
9. Na layer botões, crie tantas instances deste button quantos forem os itens do menu e arrume todos, inclusive o button inicial que está em sua própria layer, encostados uns acima dos outros (sem espaço entre eles).
10. Na layer texto, coloque o nome dos itens sobre cada button.
11. Na layer fundo, crie um retângulo de fundo, que cubra o bloco formado por todos os outros e, ainda, sobre um pouco de espaço em volta.
12. Transforme este retângulo em um button e edite-o de forma que ele fique apenas no último estado, o Hit. Os estados Up, Over e Down ficarão vazios.
13. Neste button, insira a action On Roll out Go to and stop "fechar".

O exemplo de menu está pronto. Agora você pode inserir as actions que quiser em cada um dos itens.

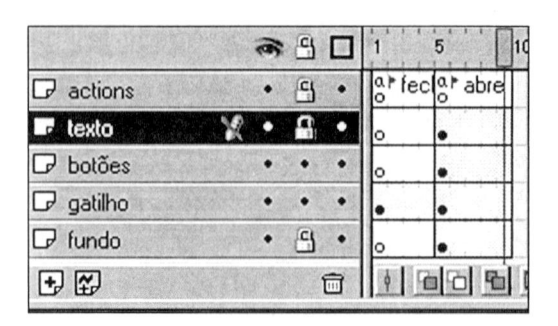

Resumo

Vimos, neste capítulo, com detalhes, as diversas formas de controlar um movie, de modo a fazer com que ele responda dinamicamente a eventos selecionados, com ações predeterminadas.

Aprendemos como usar o Flash como uma poderosa ferramenta para criação de interatividade em uma página da web, em associação com as animações e demais recursos vistos até agora.

Analisamos, também, passo a passo, como criar três recursos de grande utilidade em um Flash movie: o Loader, que permite aguardar o carregamento total do movie antes de iniciar sua apresentação; o botão que permite ao usuário ligar e desligar à vontade o som da apresentação e o menu Pop Up, que é aberto e fechado automaticamente ao contato do cursor.

Questões de revisão

1. O que é o ActionScript?
2. Como o Flash auxilia na utilização de seu script?
3. Quais os dois locais onde se pode inserir actions em um movie?
4. Quando uma action inserida em um frame é desencadeada?
5. Quais os eventos que podem desencadear uma action associada a um button?
6. Quais as duas formas básicas da action Go To?
7. Quando a action Stop All Sounds é executada, o que acontece com os sons acionados posteriormente?
8. Cite quatro formas de usar a action Get URL.
9. Cite duas formas de utilizar a action FSCommand.
10. Qual o sistema usado pelo Flash para carregar diversos movies simultaneamente?
11. Cite dois endereços diferentes que possam ser usados como target para referenciar a timeline do movie principal a partir de um movie clip contido nele.
12. Como usar a action If Frame Is Loaded para verificar se um determinado frame de um outro movie, chamado com a action Load movie, já foi carregado?
13. Como você pode guardar as actions que criar, para serem utilizadas novamente em outros movies?
14. Qual a principal diferença entre atribuir alpha igual a zero e Visibility False a um movie clip?
15. Qual a sintaxe usada para atribuir um valor a uma variável localizada em um movie clip?
16. Para que serve o parâmetro Depth, da action Duplicate Movie clip?
17. Que objeto deve ser usado para que um draggable movie clip seja liberado quando o usuário soltar o botão do mouse?

Exercícios de revisão

1. Crie um movie contendo um objeto qualquer e um menu Pop Up com quatro botões, que ao serem clicados alterem a posição, a dimensão, a inclinação e a visibilidade do objeto, respectivamente.
2. Coloque uma trilha sonora em loop no movie criado no exercício anterior e crie um botão que desligue e ligue o som. (Se não conseguir obter uma música em formato Wave, na Internet, por exemplo, improvise com um dos sons das libraries do Flash em loop.)
3. Importe uma imagem de cerca de 150kb, para aumentar o peso deste movie (ou use outro movie com pelo menos 100kb), e crie um loader para ele.
   Se não conseguir (ou ainda não souber) testá-lo on line, verifique apenas se o movie é apresentado sem problemas e deixe para testá-lo mais tarde.

CAPÍTULO 10

Como gerar o movie final

Finalmente, chegamos ao último capítulo de nossa viagem através do Flash. Vimos todos os recursos disponíveis para criar um Flash movie e agora vamos ver como proceder quando o trabalho estiver todo desenvolvido e chegar o momento de prepará-lo para que possa ser apresentado ao público.

Como foi mencionado em alguns pontos do livro, apesar da utilização mais comum de um Flash movie ser a publicação de conteúdo para a web, o trabalho final pode ser publicado em outros formatos, como a aplicação stand-alone e outros como QuickTime, Xtra para os softwares Director e o Authorware, da Macromedia, ou como Active X control em algumas aplicações. Vamos focalizar em detalhes a publicação na web, que conta com uma grande quantidade de opções e recursos, e ver como é criada a aplicação stand-alone. Veremos também os diversos recursos para criar imagens estáticas e animações em bitmap para a web. Não entraremos em detalhes sobre outros formatos.

Preparação para a web

Conforme o trabalho é desenvolvido, ele vai sendo salvo regularmente no formato Flash, em um arquivo com extensão .fla.

Gostaria de lembrar que um dos melhores hábitos que você pode adquirir é o de salvar com o máximo de freqüência possível seu trabalho, além de fazer regularmente um backup, em disquete, por exemplo. Veremos que, mesmo que você já tenha gerado o movie e seus arquivos complementares, se perder o acesso ao arquivo .fla original, não será mais possível fazer qualquer alteração no trabalho. Além disso, você pode descobrir que seu trabalho começou a se afastar de seu objetivo a partir de um certo ponto. Possuir uma cópia menos atualizada pode ajudá-lo a retomar à criação de uma etapa anterior. Caso você faça um planejamento do trabalho, dividindo-o em etapas, pode manter cópias dos diversos estágios concluídos e uma cópia regularmente atualizada do estado atual.

Ao término do trabalho, você vai criar o arquivo final, no formato .swf, do Flash Player, que será o arquivo que vai ser disponibilizado na web.

Como vimos ao longo deste livro, este arquivo é otimizado para manter o maior equilíbrio possível entre qualidade e leveza. É no momento em que este arquivo é gerado que entra em ação a maior mágica do Flash. Todo o trabalho que você criou tem seu tamanho reduzido até mais de dez vezes, mantendo toda a funcionalidade da apresentação. Você obtém uma animação relativamente extensa, com sofisticados recursos de interação e uma imagem impecável em um arquivo do tamanho que uma imagem estática, em bitmap, poderia ocupar, mesmo preparada para a web. Obviamente há exceções, mas esta é a regra.

Veremos, agora, que um arquivo .swf sozinho ainda não está preparado para ser publicado na Rede. Na verdade, é possível disponibilizar um .swf sozinho em um servidor. As pessoas conseguirão vê-lo, mas não da forma adequada. Para controlar exatamente como você quer que o seu movie seja apresentado, você vai usar um arquivo HTML comum, com uma série de comandos que vão ajustar o modo de apresentação do movie conforme você desejar.

Este arquivo HTML poderia ser criado por você, comando por comando, usando um editor HTML ou até mesmo um editor de texto comum. Mas como vamos ver agora, o Flash pode criar automaticamente para você este arquivo, através de uma interface intuitiva onde você vai simplesmente selecionar as opções desejadas. Vamos ver, então, quais são essas opções, como elas funcionam e como aproveitar tudo o que oferecem.

Antes de ver as opções para geração do trabalho final, é importante examinarmos uma questão – a capacidade do Flash de gerar imagens estáticas e animações em bitmap não serve apenas para essa finalidade em si. Há uma outra função importante para estas imagens, como complemento do próprio movie. Como sabemos, para que um browser apresente um Flash movie, ele deve estar equipado com um plugin adequado. Quando um browser que não possui o plugin do Flash Player abrir uma página que contenha um Flash movie, ele não vai apresentá-lo. No lugar onde o movie deveria aparecer ficará um vazio. A solução que o Flash oferece para esses casos é criar uma imagem convencional, em bitmap, e criar nos controles do arquivo HTML uma rotina que verifica se o plugin está presente. Em caso negativo, esta imagem é apresentada ao visitante e, caso o plugin esteja disponível, esta imagem é ignorada e o movie apresentado normalmente.

Capítulo 10 · Como gerar o movie final **119**

Vemos, portanto, que, além do movie em si, você poderá usar o Flash para criar um arquivo HTML para hospedá-lo e uma imagem alternativa, para apresentar ao visitante que ainda não possui o plugin.

Publish

O Flash chama de Publish o processo de gerar os arquivos necessários para apresentação do trabalho. No menu File você encontra a opção Publish Settings, que é exatamente a interface através da qual você seleciona as opções que desejar, permitindo que o Flash gere todos os arquivos automaticamente.

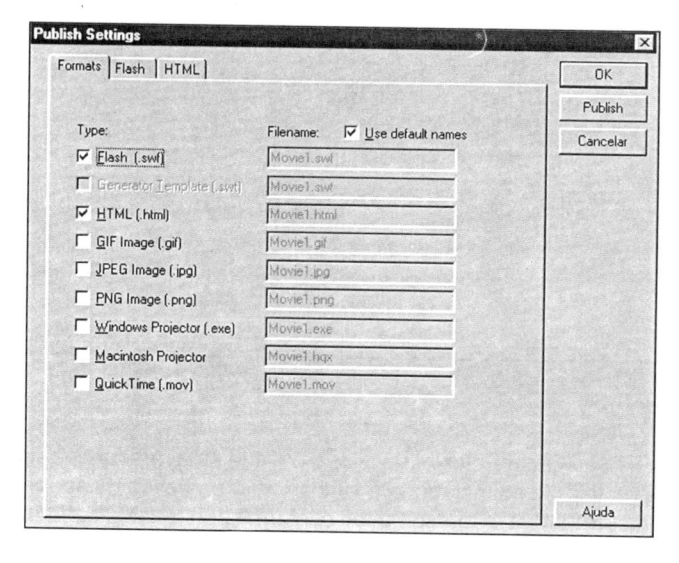

Ao abrir a janela Publish Settings, na guia Formats, você encontra todas as opções de arquivos que o Flash pode criar automaticamente para você. Para cada opção selecionada surge uma guia correspondente, onde você vai encontrar as opções específicas de cada tipo de objeto.

Para definir o nome dos arquivos a serem criados você tem duas opções. Se selecionar a opção Use default names, no alto da janela, o Flash dará automaticamente a cada um dos arquivos criados o mesmo nome com que você salvou o seu trabalho, com a devida extensão, nomedomovie.swf, nomedomovie.html, nomedomovie.gif etc. A alternativa é não selecionar esta caixa e inserir o nome que desejar atribuir a cada arquivo nos campos correspondentes da coluna direita.

Portanto, aqui você deverá deixar selecionadas pelo menos a opção Flash, que vai gerar o movie propriamente dito, e HTML, que criará o arquivo que vai hospedar o movie na web. Com estas duas opções você já terá o suficiente para disponibilizar seu movie na Rede.

Flash

Vejamos as opções para a criação do arquivo .swf, o movie propriamente dito.

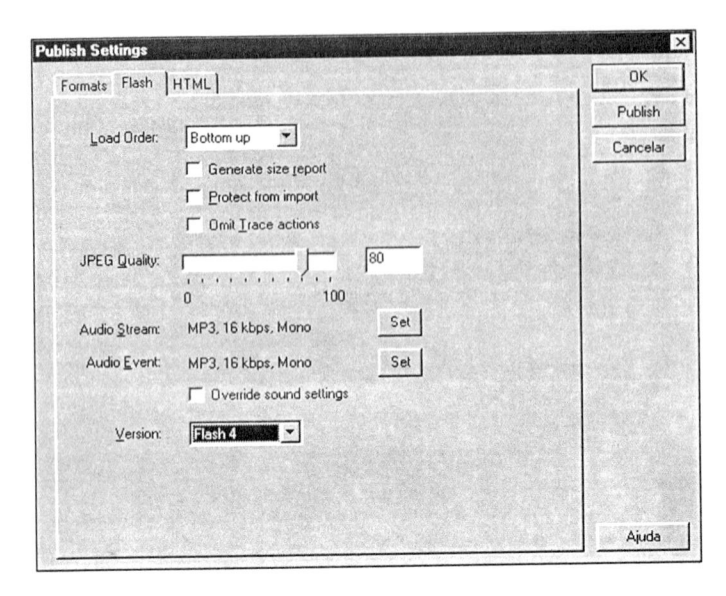

Load Order

A primeira opção, Load Order, refere-se à ordem em que as layers do primeiro frame do movie são carregadas na tela do espectador. Já vimos que o processo de streaming faz com que os frames sejam carregados e apresentados conforme são recebidos. Além disso, as layers do primeiro frame também vão aparecendo na tela gradativamente, conforme vão chegando. Em uma conexão normal este processo é imperceptível, mas, quando a transmissão está muito lenta, os objetos vão surgindo um de cada vez, de acordo com a layer em que foram posicionados no movie.

Com a opção Bottom up (De baixo para cima), você pode definir que as layers do primeiro frame serão carregadas a partir da inferior, ou seja, os objetos que estão no fundo surgirão primeiro, com os seguintes se sobrepondo a eles conforme aparecerem. Se desejar, pode determinar que os objetos surjam a partir da layer superior, com a opção Top down (De cima para baixo).

Este sistema pode fazer diferença, por exemplo, quando você usa o loader. O movie clip usado no loader pode demorar um pouco para carregar. Para que o visitante não fique vendo uma tela vazia enquanto o movie clip não chega, você pode colocar algum texto, que carregará rapidamente, em uma layer que será carregada antes do clip.

Generate size report

Selecionando-se esta opção, o Flash criará um arquivo adicional, em formato texto, com um relatório mostrando com quantos bytes diversas partes de seu movie estão contribuindo com seu tamanho total. Através dele você pode identificar objetos que ainda possam ser reduzidos, ou até eliminados, para reduzir ainda mais o tamanho final.

Protect From Import (Proteger contra Importação)

Você pode importar um arquivo .swf para o Flash usando o comando Import, do menu File. Isto não permitirá que ele seja editado normalmente, como um arquivo .fla, mas ainda assim ele poderá ser editado de várias formas, como copiando symbols para uso em outro movie, por exemplo. Como qualquer outro arquivo na web, se seu movie foi apresentado na tela de algum browser, uma cópia dele estará disponível no computador do visitante. Se este quiser, poderá abrir seu movie no Flash e copiar symbols, por exemplo, para adaptá-los ou até usá-los como estão. Não parece algo que deva ser feito, certo?! Bem, esta opção faz com que o Flash não consiga importar seu arquivo.

A má notícia é que existem pequenos programas que quebram facilmente esta proteção. Na verdade, ela pode ser removida usando um simples editor hexadecimal. No entanto, a maioria das pessoas provavelmente vai deixar de lado a eventual idéia de copiar seu trabalho se seu movie estiver protegido.

Omit[1] Trace Actions

Lembra-se da action Trace, que permite monitorar através de mensagens os passos que o script está executando? Estas mensagens são apresentadas em uma janela à parte toda vez que você gera um arquivo .swf e A opção Omit Trace Actions permite dispensar esta janela.

JPEG Quality

O Flash usa o algoritmo JPEG, de compressão de imagens, para reduzir o tamanho dos objetos em formato bitmap contidos nele. Com esta opção você seleciona, de 0 a 100, o nível de compressão que deseja seja aplicado neste processo. Zero é a maior compressão possível, reduzindo ao máximo o tamanho e, conseqüentemente, a qualidade do bitmap. Cem determina a menor compressão possível e a manutenção da qualidade original da imagem. O objetivo será sempre encontrar um equilíbrio entre tamanho e qualidade, de acordo com seus objetivos.

---

[1] Omitir

Audio Stream/Audio Event

Se você não definiu configurações específicas para os sons de seu movie, esta opção lhe permitirá selecionar uma configuração única para todos os que estiverem em modo streaming e outra para todos em event. As opções de configuração são as mesmas vistas no Capítulo 8.

Como já vimos, se você selecionar a opção Override sound settings, mesmo que os sons possuam uma configuração específica, ela será deixada de lado e serão usadas as que forem definidas aqui.

Version (Versão)

Você pode selecionar aqui o formato da versão do Flash em que você deseja gerar seu arquivo.

Ao ser lançada a versão 4 do Flash, surgiu o seguinte problema: Os browsers Netscape e Internet Explorer, bem como sistemas operacionais como o Windows 98 e MacOS8, já vinham sendo lançados com o plugin do Flash 3 embutido, mas para rodar os movies criados no formato do Flash 4 é necessário atualizar o plugin online. Por isso, até a atualização de todos esses plugins, o número de browser com a versão 3 é maior que o número dos já aptos a rodarem a versão 4. No entanto, o Flash 4 possui vários recursos que não estão disponíveis na versão 3. Era preciso, então, optar entre abrir mão dos novos recursos, para que fosse possível contar com a base instalada de plugins Flash 3, ou lançar mão destes poderosos recursos e exigir que o usuário fizesse o download do plugin, se necessário.

Um fato torna ainda mais complicada a história – o plugin do Flash 3 abre normalmente os movies no formato Flash 4, apenas ignorando os novos recursos. É possível imaginar o que pode acontecer? Você cria um movie superinterativo, utilizando som em formato MP3, scripts sofisticados de controle dinâmico etc. e o publica na web. O visitante que já tiver o plugin do Flash 3 abrirá seu movie e... ...os scripts que usam os recursos mais novos não funcionarão, o som não tocará e seu fantástico movie, perfeitamente desenvolvido, estará condenado.

Mas nem tudo está perdido. Veremos, mais adiante, que existem recursos para verificar a versão do plugin, permitindo que você publique seu movie no formato Flash 4 e avise o usuário que tiver a versão 3 do plugin que ele deverá aproveitar a oportunidade para atualizar seu browser, fazendo o download da nova versão.

Problemas à parte, esta opção permite que você escolha, da versão 1 à 4 do Flash, em qual gerar seu movie.

HTML

Vejamos, agora, as opções mais sofisticadas do processo, relativas a como gerar o arquivo HTML que irá controlar a apresentação de seu movie na web. Na maioria dos casos, a interface será extremamente intuitiva, exigindo apenas que você saiba o que está sendo feito. Ou nem isso.

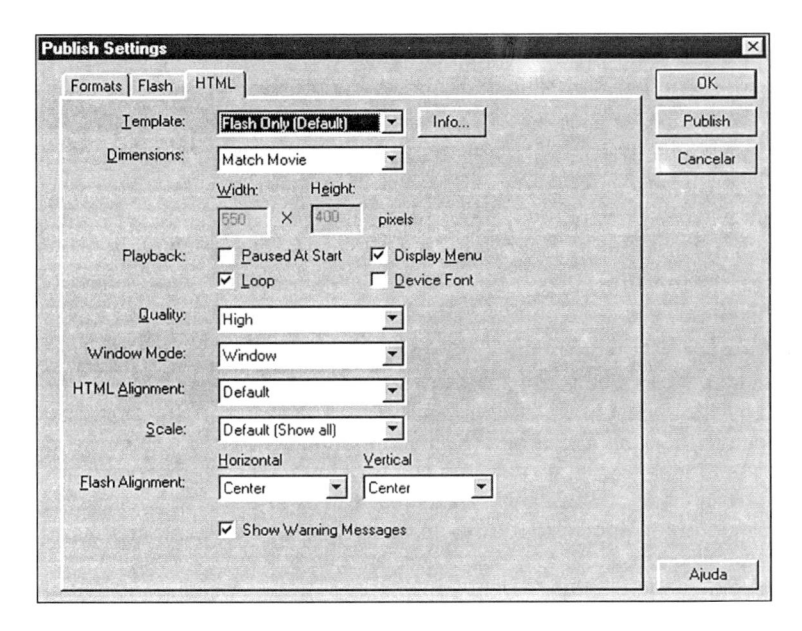

Template

A interface dispõe de uma série de modelos prontos de configuração de arquivos HTML, os chamados templates. Na maioria das vezes em que você precisar de uma opção em particular para a publicação de seu movie a encontrará em um deles. No entanto, além de ser possível modificar manualmente suas configurações, você ainda tem a opção de criar seus próprios templates e até incluí-los neste menu, usando-os sempre que precisar.

Estes templates são arquivos HTML que incluem variáveis especiais contendo informações referentes a seu movie. Estas variáveis são usadas, na maioria das vezes para configurar as tags EMBED, usada pelo Netscape, e OBJECT, para o Internet Explorer.

No botão "Info", ao lado, você encontra algumas informações sobre cada template selecionado.

- **Flash 4 with image** – Esta opção deverá ser usada quando você quiser gerar seu movie no formato normal do Flash 4 e fazer com que a página, ao ser aberta, detecte a presença deste plugin no browser. O formato Flash 4 deverá, também, ser selecionado na opção Version, da guia de configuração do Flash. Com esta opção, você precisa selecionar um formato de imagem que será apresentada no caso de ausência do plugin. Assim, sua página fará automaticamente a detecção do plugin. Caso ele esteja presente, o movie será apresentado normalmente. Caso contrário, a imagem aparecerá em seu lugar.

- **Flash 3 with image** – Esta opção faz exatamente o mesmo que a anterior, criando, no entanto, um mecanismo de detecção do plugin do Flash 3. Selecione a versão Flash 3, na guia Flash, e escolha um formato de imagem como substituto.

- **Flash Only (Default)** – Esta é a opção mais simples. Ela cria um arquivo HTML que exibirá seu movie em qualquer browser que disponha do plugin. Se você não selecionar opção alguma, esta será usada (default). Não esqueça que, se você a usar, o visitante que não tiver o plugin simplesmente não verá o movie e não haverá nada em seu lugar.

- **Flash with FSCommand** – Esta opção é utilizada quando você for usar a action FS Command para enviar parâmetros ao HTML. Este template, além de exibir o movie, cria a função JavaScript *DoFSCommand(command, args)*, que processa os parâmetros recebidos do Flash, conforme vimos na action FS Command no Capítulo 9.

- **Image Map (Mapa de Imagem** – Esta opção não publica o Flash movie. Serve apenas para criar, a partir do movie, uma imagem mapeada (image map) que mantém ativos buttons que possuam a action Get URL. Ou seja, você seleciona um formato de imagem e o Flash a cria automaticamente usando o primeiro frame do movie. Os buttons presentes no último frame do movie que possuam actions Get URL continuarão funcionando na imagem que esse template criar. Você poderá selecionar outro frame para ser transformado na imagem, criando nele um label com a expressão *#static*, e pode selecionar outro frame em que estejam os buttons que quer manter ativos na imagem, criando nele um label com a expressão *#map*. Ou seja, suponha que seu movie tenha 50 frames, com um button para envio de e-mail no frame 23 e seu logotipo no frame 30. Se você criar um label #map no frame 23 e um #static no frame 30, ao usar este template o Flash criará automaticamente uma imagem com seu logotipo, que ao ser clicada enviará um e-mail.

  Não esqueça de que este template não criará o movie, somente a imagem.

  Como veremos adiante, através da configuração de imagens você poderá criar automaticamente uma gif animada, a partir do movie. Use este template para criar banners com gifs animadas, usando as imagens e links de seu movie.

- **Java Player/QuickTime/User choice** – Estes três últimos templates servem para apresentar imagens alternativas no formato Java ou QuickTime (os dois primeiros) ou criar um menu para que o usuário escolha, entre algumas opções, como o movie será recebido pelo browser. São opções pouco usadas e relativamente complexas e, por isso, não entraremos em detalhes.

Capítulo 10 · Como gerar o movie final   **125**

Quando você usar a opção padrão (o template Flash 4 with Image), no caso do Internet Explorer, quando o plugin não estiver presente ele começará seu download automaticamente através de um controle Active-X. Mas, se o browser for o Netscape, nada acontecerá. Apenas aparecerá a imagem alternativa que você criou. Se você quer que o usuário obtenha o plugin e veja seu movie, deverá criar na sua página HTML um link separado para o endereço do plugin, no site da Macromedia, indicando ao usuário que ele deverá clicar ali para fazer o download.

Se você quiser usar um procedimento mais elegante e prático, pode criar seu próprio template para fazê-lo. Você terá um pouco de trabalho apenas na primeira vez, mas tudo ficará configurado para que você use todas as vezes que publicar um movie.

Faça o seguinte:

- Abra, em um processador de texto, o arquivo de nome Flash4.html, que se encontra no subdiretório Html, do diretório Flash 4, em seu disco rígido.
- Este é o código do template Flash 4 with image.
- Use o comando Salvar como para criar uma cópia dele neste mesmo diretório, com o nome MeuFlash4.html.
- Agora você está trabalhando com a sua cópia, sem risco de alterar o original.
- Vá até o final do arquivo e procure, de baixo para cima, a seguinte linha:
   ```
   document.write('<IMG  SRC=$IS  WIDTH=$IW  HEIGHT=$IH  BORDER=0>');
   ```
- Insira entre *HEIGHT=$IH* e *BORDER=0>* o parâmetro *usemap=$IU*.
- A linha ficará exatamente assim:
   ```
   document.write('<IMG  SRC=$IS  WIDTH=$IW  HEIGHT=$IH  usemap=$IU
      BORDER=0>');
   ```
- O código está pronto. Para personalizar seu novo template e incluí-lo no menu do Flash, vá até a primeira linha e troque a frase "Flash 4 with Image" para Meu Flash 4. A primeira linha deverá ficar exatamente assim:
   ```
   $TTMeu Flash 4.
   ```
- Logo abaixo, troque a frase que aparecerá no botão "Info" do Publish Settings:
   ```
   "Detect if Flash Player 4 is installed.
   In Publish, select SWF version 4 and a GIF, or JPEG image."
   ```
   por:
   ```
   "Detecta o plugin e cria um link na imagem alternativa.
   Não esquecer de selecionar a Version 4 e um formato de imagem."
   ```
- Salve, agora, as alterações.

- Crie agora um arquivo Flash apenas com um texto do tipo: "Seu browser ainda não possui a versão mais recente do plugin do Flash 4. Se ele não estiver sendo carregado automaticamente, clique aqui para obtê-lo e entrar no site." e transforme este texto em um button.
- Coloque, neste button, a action On release Get URL, com a seguinte URL:
  ```
  http://www.macromedia.com/shockwave/download/index.cgi?P1_Prod_
      Version=ShockwaveFlash
  ```
- Salve este arquivo Flash com o nome "Button".

Na próxima vez que você abrir o Flash, encontrará no menu templates a opção "Meu Flash 4" e, no botão "Info", a nova mensagem.

Agora, sempre que você quiser publicar seu movie no formato do Flash 4, com detecção do plugin, não precisará criar um link no HTML do movie para que usuários do Netscape possam fazer o download.

Apenas acrescente um frame após o último do movie, colocando nele a label #static e uma cópia do button guardado no arquivo button.fla.

Ao publicá-lo, selecione a opção "Meu Flash 4", em vez de "Flash 4 with Image". Assim, o usuário verá esta mensagem e poderá pegar o plugin clicando nela.

Tome cuidado para que o movie não chegue até esse último frame durante a apresentação. Use uma action Stop no último frame normal do movie, se necessário.

Vejamos, agora, como contornar o problema do usuário que abre um movie no formato Flash 4 com o plugin do Flash 3.

O próprio Flash traz, entre outros exemplos, um pequeno movie para ser usado como uma espécie de filtro, que verifica se o plugin é o do Flash 3 ou do Flash 4. A idéia é muito simples. O movie tem três frames, sendo que apenas dois são usadas, o primeiro fica vazio. No segundo frame há uma action Load Movie, que carrega o movie principal no level0, substituindo o movie detetor, e na terceira há apenas uma mensagem, dizendo que o plugin está desatualizado e apresentando um button com link para download do plugin mais recente.

Entretanto, esta action Load movie está em um formato usado apenas pelo Flash 4. Portanto, é simplesmente ignorada pelo plugin do Flash 3. Com isso, se o plugin que estiver rodando o movie for o do Flash 4, ele executará a action e carregará normalmente o movie indicado na action no level0, eliminando o movie detetor. Se o plugin for o do Flash 3, ele vai ignorar a action que manda carregar o movie principal e vai passar para o terceiro frame, apresentando a mensagem com o button para download. Este exemplo encontra-se no arquivo /Flash 4/Sample Pages/Detect Flash 4/Detect.fla.

Lembre-se que para usá-lo você deverá ajustar suas dimensões, sua cor de fundo e a velocidade, de forma que sejam as mesmas do movie principal, pois quando for carregado pelo detetor ele assumirá automaticamente esses parâmetros.

Formate o frame com a mensagem da maneira que desejar e não esqueça de colocar nele uma action Stop, do contrário o detetor poderá entrar em loop quando encontrar uma versão 3 do plugin. Configure seu movie normalmente e coloque o detetor, com seus demais arquivos, no mesmo diretório em que ele se encontra.

Lembre-se, também, que esse mecanismo serve apenas para acusar a presença de um plugin desatualizado; ele não fará nada caso não haja plugin algum. Para cobrir também esta hipótese, publique o detetor usando o template Flash 4 with image, ou, melhor ainda, o template Meu Flash 4 que você criou. Desta forma, todas as possibilidades estarão previstas e seu visitante só não verá seu movie se não quiser.

Voltemos agora às configurações do arquivo HTML, na janela Publish Settings.

Dimensions

Como sabemos, as imagens vetoriais do Flash não perdem a definição quando são redimensionadas. Com isso, o Flash permite inclusive que você configure as dimensões de seu movie como um percentual das dimensões da janela em que ele for apresentado, de forma que ele aumente ou diminua automaticamente ao ser exibido em diferentes janelas.

Usar esta opção resolve um dos maiores problemas de criação de conteúdo para a web, as diferentes definições de tela, geralmente 640 x 480, 800 x 600 ou 1024 x 768, e de tamanhos de monitor. Não é, contudo, a solução para todos os problemas. Você deve sempre levar em consideração o fato de que quanto maior for o tamanho em que seu movie for apresentado maior será a capacidade de processamento exigida do computador. Dependendo, portanto, das configurações da máquina em que estiver rodando, o filme começará a ficar lento, com os frames demorando a serem desenhados na tela. Vimos, ao longo do livro, diversos fatores que sobrecarregam o processamento da apresentação do movie. Eles podem ser atenuados com uma apresentação em dimensões mais reduzidas. Você deverá encontrar o equilíbrio ideal considerando o desempenho e a própria estética.

Ao começar um novo trabalho você precisa definir as dimensões que o movie terá. Se seu objetivo for criar um movie que será apresentado sozinho na tela, pode considerar a definição de medidas proporcionais à área de visualização mais comum nos monitores normais. Como o movie dificilmente será exatamente proporcional à janela, ao ser aumentado para ocupar a tela inteira ficarão sobrando espaços nas laterais. Em muitos casos, inclusive, o movie vai exibir o conteúdo da região que fica fora do stage. Se você quiser criar em seu movie um fundo especial ocupando toda a tela, por exemplo, terá que dimensioná-lo com uma margem significativa além do stage para que, em uma situação dessas, seus limites não apareçam.

Por isso, você pode querer começar a trabalhar com dimensões proporcionais à área de visualização normal de um browser na resolução mais comum, de 800x600, com os menus de navegação abertos e as barra de rolagem presentes, algo em torno de 750x400 pixels. As dimensões podem ser somente proporcionais à essa, como 375x200, 1500x800 ou 75x40, por exemplo, ou às que você achar mais adequadas. Veja que isso pode ser apenas uma forma de minimizar o problema, pois cada caso é diferente.

Lembre-se que esta é uma escolha a ser feita quando da definição das dimensões do movie, ou seja, antes do início de sua criação. O que veremos agora são os ajustes que poderão ser feitos para a exibição depois que o movie já estiver pronto.

- **Match[2] movie** – Esta opção mantém a exibição do movie sempre nas dimensões originais. Com ela o movie terá um comportamento igual ao de uma imagem em HTML, ou seja, independentemente do tamanho da janela ele terá sempre as mesmas dimensões.

    Você pode usá-la quando seu objetivo for inserir um movie em uma página HTML comum, junto a outros elementos de dimensões fixas, e já tiver definido as dimensões originais para isso, ou quando você não quiser mesmo que o movie seja alterado em suas dimensões. É a opção default.

- **Pixels** – Esta opção permite que você escolha, em pixels, as dimensões horizontal e vertical da área em que o movie será exibido. Note que estas dimensões não serão necessariamente as dimensões do movie, e sim da área reservada para sua exibição.

    Esta opção está ligada às opções Scale e Flash Alignment, presentes na mesma janela de configuração do HTML e que veremos adiante. Dependendo das configurações da opção Scale e de as dimensões selecionadas serem ou não proporcionais às originais, veremos que você poderá obter diversos resultados diferentes ao selecionar as dimensões em pixels.

- **Percent** – Esta é a opção que permite que o movie se ajuste automaticamente, em função do tamanho da janela em que estiver sendo exibido. Da mesma forma que a opção Pixels, o resultado vai depender das opções Scale e Flash Alignment.

    Neste caso, em vez de pixels, você vai determinar que porcentagem das dimensões horizontais e verticais da janela será reservada para a exibição do movie. Com isso, ele se ajustará ao tamanho de qualquer monitor ou definição de tela. Ele irá ajustar-se, inclusive, quando a janela for redimensionada pelo usuário. Se você escolher 100%x100%, o movie terá sempre toda a janela disponível para ser exibido e como esta área será ocupada dependerá das opções de Scale e Alignment.

    Lembre-se que seu movie poderá ser exibido em proporções bem grandes, em monitores de 21", por exemplo. Se ele começar a ser mal reproduzido em função disso, pode ser que o usuário não saiba que o problema é o tamanho da janela e tenha a idéia de que o movie foi mal feito. A não ser que você tenha desenvolvido seu movie de forma que desempenho não seja problema, use esta opção com valores menores que 100% para compensar.

---

[2] Igualar

Scale

Vejamos, então, como funciona a opção Scale. Esta opção só afetará a forma como seu movie será exibido se você selecionou na opção Dimensions medidas diferentes das originais.

- **Default (Show all)** – Esta opção permite que o movie ocupe o maior espaço possível dentro das dimensões selecionadas sem ser cortado e mantendo suas proporções originais.

É a opção mais adequada na maioria das vezes. É neste caso que ocorre o problema dos espaços nas laterais, exibindo as regiões além do stage. Como as proporções do movie são mantidas, ao ser redimensionado para ocupar uma área de proporções diferentes sobrará sempre algum espaço. Como em geral os movies têm a largura maior que a altura, a altura vai ocupar o espaço disponível e a sobra ocorrerá nas laterais.

Quando você quiser configurar seu movie para ocupar sempre a janela toda, deve selecionar esta opção juntamente com 100%x!00% em Percent. Quanto mais próximas as proporções de seu movie forem das que a janela exibir, e estamos falando de proporções e não dimensões absolutas, menor será o espaço além do stage que aparecerá. Aqui é conveniente aplicar a sugestão de criar o movie com proporções próximas das que um browser exibe na maioria das vezes, que podem ser os 750x400 pixels sugeridos ou as que você encontrar.

Quando esta opção é usada, o HTML deixa uma margem em torno do movie e mostra uma barra de rolagem desativada à direita. Para eliminar estes espaços e exibir o movie, utilizando realmente toda a área da janela, siga esta dica a ser aplicada em um editor de HTML:

- Crie um frameset dividido verticalmente em dois frames.
- Coloque a página HTML contendo o movie no frame superior.
- Crie uma página HTML vazia e coloque-a no frame inferior.
- Defina a dimensão do frame superior como 100% e a do inferior como zero pixels.
- Configure ambos os frames para que não tenham nem scroll nem border.

Agora você terá, além dos arquivos criados automaticamente pelo Flash, mais dois arquivos HTML, que deverão ficar no mesmo diretório no servidor: o frameset e o arquivo vazio que ocupará o frame oculto que você criou. Abra o frameset em um browser e você verá que as bordas e a barra de rolagem sumiram e seu movie estará ocupando a janela inteira.

Vamos aproveitar a oportunidade para ver como funciona outra dica bastante útil: Como fazer com que um button no Flash abra uma página em uma nova janela, do tamanho e formato que você quiser, mantendo a página com o movie aberta por trás. Desta vez será necessário um pouco de conhecimento de JavaScript. Talvez esta seja uma boa oportunidade para adquirir um pouco deste conhecimento.

- Crie uma página html contendo apenas o seguinte script no <BODY> (não deixe espaços entre os caracteres):

```
<script>
onLoad=window.open('URL','janela','toolbar=yes,location=yes,status=yes,
  menubar=yes,scrollbars=yes,resizable=yes,width=X,height=Y')
</script>
```

- Faça as seguintes substituições neste código:
  - ➤ No lugar de URL, coloque o endereço do arquivo que você quer abrir na nova janela.
  - ➤ No lugar de janela deixe janela mesmo (pode ser qualquer nome).
  - ➤ Em toolbar=, coloque *no*, em vez de *yes*, se quiser que o menu de navegação da nova janela não apareça.
  - ➤ Em location=, coloque *no*, em vez de *yes*, se quiser que a barra de endereços da nova janela não apareça.
  - ➤ Em status=, coloque *no* se quiser que a barra de status não apareça.
  - ➤ Em menubar=, coloque *no* para eliminar os menus da nova janela.
  - ➤ Colocando *no* em scrollbars= você impede que barras de rolagem apareçam na nova janela.
  - ➤ Colocando *no* em resizable= você impede que a nova janela seja redimensionada pelo usuário.
  - ➤ Para definir a largura da nova janela, entre com o valor desejado no lugar de X em width=.
  - ➤ Para definir a altura, entre com seu valor no lugar de Y em height=.
- Salve esta página, com o nome de exemplo.htm, no mesmo diretório do servidor que as demais.
- Dê o nome de oculto ao frame inferior do frameset descrito anteriormente.
- No Flash, coloque no button que abrirá a nova janela a action Get URL, com o parâmetro URL igual a exemplo.htm e Window igual a oculto.

Pronto. Quando o button for clicado, a action vai fazer com que a página exemplo.htm seja aberta no frame oculto, não aparecendo em cena. O script fará com que, ao ser carregado, ele abra a página que foi especificada em uma nova janela, com todas as características que você selecionou usando yes ou no.

Obviamente, se você não usou o recurso anterior, de criar um frameset com um frame oculto, terá que fazê-lo agora para ter um lugar escondido onde abrir a janela intermediária exemplo.htm. Do contrário, você vai abrir a nova janela do mesmo jeito, mas vai abrir, também, em algum lugar da tela, uma página em branco.

Capítulo 10 · *Como gerar o movie final* **131**

Se você tiver alterado a cor do background da página que fica no frame inferior de seu frameset, para compor com a cor do movie dê à página exemplo.htm a mesma cor, pois ela ficará no lugar da antiga.

- **No border** – Esta opção faz com que a área selecionada em dimensions seja totalmente preenchida pelo movie e mantém as proporções originais entre largura e altura. O resultado é que, se a área definida tiver proporções diferentes das do movie, este terá cortados os segmentos que sobrarem.

- **Exact Fit** – Usando esta opção, você fará com que o movie seja redimensionado para as novas medidas, sem considerar as proporções. Se estas forem diferentes ele será distorcido, de modo a preencher o espaço completamente. O movie será, na maioria das vezes, esticado para os lados de forma a ocupar o espaço que sobrar. Todo os objetos contidos nele serão distorcidos.

Flash Alignment – Esta é a outra opção que determina o resultado da escolha feita em dimensions. Nos menus **Horizontal/Vertical**, você determina como o movie ficará posicionado dentro da área definida. Se o movie couber totalmente dentro desta área, ele será posicionado dentro desta conforme as opções Left, Center Horizontal, Right, Top, Center Vertical e Bottom. Caso ele não caiba nesta área, o que sobrar será cortado e estas opções determinarão as partes que serão eliminadas. Se você escolheu Left e Top, por exemplo, o movie vai aparecer a partir de seu canto superior esquerdo e seus lados direito e inferior serão cortados.

Playback[3] – Aqui você dispõe de quatro opções para reprodução de seu movie. Ao abrir o painel de configuração do HTML você encontrará selecionadas as opções Loop e Display Menu e não selecionadas as caixas de Paused At Start e Device Font.

- **Paused At Start** – Seu movie, por default, começará a ser reproduzido imediatamente quando sua página for aberta. Se você selecionar esta opção ele ficará parado, ao abrir, aguardando algum evento, como um clique em um button ou o pressionamento da tecla Enter, por exemplo, faça com que ele tenha início.

- **Loop** – Mantendo esta opção, default, selecionada, ao alcançar o último frame seu movie voltará ao início e começará novamente a reprodução. Para evitar isto você usará, apenas se necessário, a action Stop. Se você deselecionar esta caixa ele vai parar automaticamente ao chegar no último frame.

- **Display Menu** – Esta é outra opção que já vem selecionada por default. Quando ela está ativa e o usuário clica sobre o movie com o botão direito do mouse, no Windows, ou junto com a tecla Command, no Mac, é aberto um menu com as seguintes opções:

  ➤ **Mais Zoom** – Aumenta a imagem do movie a cada clique, no ponto selecionado.

  ➤ **Menos Zoom** – Reduz a imagem de forma análoga.

  ➤ **Mostra tudo** – Mostra a imagem do movie em seu tamanho original.

---

[3] Reprodução

- ➤ **Alta Qualidade** – Alterna entre alta e baixa qualidade.
- ➤ **Reproduzir** – Dá início à reprodução do movie se ele estiver parado.
- ➤ **Loop** – Ativa a função de loop, fazendo com que o movie passe a se repetir.
- ➤ **Rebobinar** – Volta o movie para o frame inicial.
- ➤ **Avançar** – Faz o movie avançar um frame a cada clique.
- ➤ **Voltar** – Faz o movie retroceder, da mesma forma.
- ➤ **Sobre o Flash Player 4** – Remete você ao site da Macromedia, fornecendo informações sobre o Flash.

Você tem, portanto, a opção de deixar este menu à disposição do usuário ou não. Caso você desative esta função, o menu apresentará apenas o último item.

A opção zoom é interessante para o usuário, pois através dela é possível ter acesso a aspectos impressionantes do movie, aumentando as imagens vetoriais diversas vezes sem que elas percam a definição. Por outro lado, dependendo da forma como o movie foi estruturado, o usuário poderá ter acesso a frames não destinados a exibição e pode passar por cima do sistema de navegação que você criou para o movie, controlando-o sozinho. Fica a seu critério decidir se vale ou não a pena manter esta opção.

- • **Device Fonts** – Esta opção refere-se às device fonts que vimos no Capítulo 3, que permitem que o computador do usuário selecione em seu sistema a fonte mais parecida com aquela usada no movie. Se você estiver usando este recurso, para reduzir o peso de textos mais longos, por exemplo, deve acionar esta opção. Esta opção só está disponível no Windows.

Quality – Aqui você dispõe de cinco opções diferentes para definir a qualidade da imagem de seu movie durante a reprodução. Lembre-se sempre que maior qualidade sempre vai significar uma maior exigência de desempenho da máquina, podendo provocar interferências.

- • **Low** – Esta é a opção que nunca utiliza o antialiasing. A velocidade de reprodução será mantida com mais facilidade.
- • **Auto Low** – Esta opção administra dinamicamente o uso de antialiasing. Ela dá prioridade ao desempenho, mas aciona o antialiasing automaticamente sempre que detecta que o sistema tem recursos disponíveis para fazê-lo sem comprometer a performance.
- • **Auto High** – Funciona do mesmo modo que a anterior, mas dá prioridade também à qualidade da imagem. Ela tenta manter o antialiasing ativo sempre que possível e desativa-o apenas quando isso for necessário para manter a velocidade.
- • **High** – Esta opção permite manter a qualidade da imagem mesmo que seja necessário sacrificar a velocidade. Estabelece, também, prioridade para a qualidade das animações em relação à das imagens em bitmap, ou seja, as animações serão sempre mantidas em alta qualidade e as imagens em bitmap só serão suavizadas em sua ausência. Esta é a opção default.

- **Best** – Esta opção mantém a qualidade tanto das animações quanto das imagens em bitmap, mesmo que a velocidade seja prejudicada.

Window Mode – Este é um recurso bastante restrito. É utilizado apenas pelo Internet Explorer a partir da versão 4, e, mesmo assim, apenas em ambiente Windows.

- **Window** – É a opção default, que mantém o Flash movie normalmente em sua área de exibição particular. Funciona da mesma forma em qualquer browser e/ou plataforma.
- **Windowless opaque** – No Internet Explorer para windows, permite que outros objetos utilizem a área definida para o movie. Outro objeto na mesma página HTML poderia, por exemplo, passar por cima ou por baixo do movie. Nesta opção o fundo do movie fica opaco, não exibindo o que estiver por trás.
- **Windowless transparent** – Esta é uma opção que poderia ser muito interessante se estivesse disponível para todos os browsers e sistemas. Ela faz o mesmo que a anterior, sendo que o fundo do movie fica transparente. Você provavelmente vai perceber que, freqüentemente, a cor do fundo do seu movie não vai ficar exatamente igual á da página em HTML, apesar de, teoricamente, elas serem as mesmas. Isto faz com que o retângulo formado pelo movie fique aparecendo. É como quando você cria uma imagem estática da cor da página e ela fica um pouco diferente. Com o fundo transparente os objetos no movie dão a impressão exata de estarem soltos na tela.

Não é a maneira ideal de trabalhar, mas, quando não houver saída, você pode selecionar esta opção para que ao menos os usuários do IE no Windows vejam o trabalho da maneira correta. No entanto, leve em consideração que este recurso também pode afetar o desempenho da apresentação.

HTML Alignment – Esta opção serviria para criar no HTML o atributo <align>, definindo o alinhamento do movie em relação à página HTML. No entanto, ela não faz isso. Na verdade, ela não faz coisa alguma. Selecionar qualquer das alternativas disponíveis não altera o código HTML criado pelo Flash. O alinhamento é sempre feito no canto superior esquerdo e se você quiser ajustá-lo terá que usar um editor de HTML.

Show Warning Messages (Exibir Mensagens de Advertência) – O Flash emite mensagens de advertência em algumas situações em que as opções que você selecionou estejam em conflito umas com as outras. Esta opção vem ativada por default e desativá-la elimina as mensagens.

No arquivo HTML gerado pelo Flash você vai notar que serão incluídos, em forma de comentário, todos os textos e URLs que se encontrem no movie. Isto é importante para que mecanismos de busca possam registrar os textos e links existentes em seu movie, pois eles não podem ler diretamente no arquivo .swf. Um problema é que, quando você coloca um texto dentro de uma animação, o Flash entende que ele está presente em cada um dos frames ocupados pela animação. Com isso, ele repete esse texto no HTML tantas vezes quantas forem esses frames. Isso pode fazer com que seu arquivo HTML fique desnecessariamente grande, mesmo que você não repare. Você pode editar estes textos diretamente no arquivo HTML e eliminar o que achar desnecessário. Lembre-se de que os textos transformados em imagens, com o comando Break Apart, deixarão de ser reconhecidos como tal.

Para incluir estas informações, o Flash insere as variáveis $MT e $UM para os textos e URLs, respectivamente, nos templates disponíveis para configuração do HTML. Você pode criar versões de templates que não as inclua, criando cópias das originais, sem essas variáveis, e dando-lhes um novo nome e descrição para que fiquem disponíveis no menu, como vimos no caso da Meu Flash 4.

GIF

Como vimos, quando você solicita que o Flash crie automaticamente uma imagem no formato GIF, aparece no painel a guia GIF contendo todas as opções de configuração disponíveis para este formato. Vamos examiná-las agora.

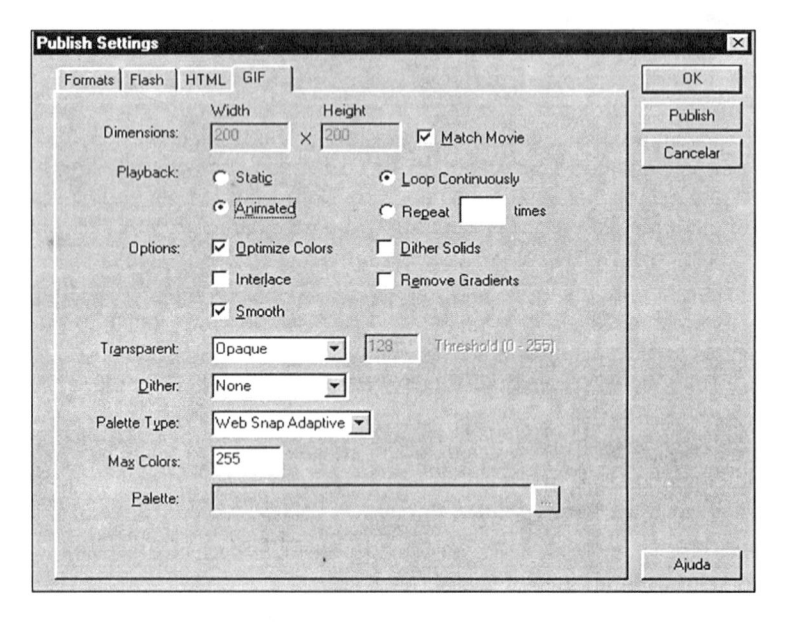

Dimensions – Você pode deixar que a imagem em formato GIF, a ser criada automaticamente, tenha as mesmas dimensões do movie, deixando selecionada a opção **Match Movie**. Na maioria das vezes, no entanto, uma imagem do tamanho do movie será excessivamente pesada para a Internet. Você pode definir uma imagem menor para aparecer quando o usuário não dispuser do plugin. Entre com as dimensões desejadas nos campos **Width**, para a largura, e **Height**, para a altura.

Playback – Aqui veremos uma opção extremamente útil, a criação automática de uma GIF animada, a partir das animações de seu movie.

- **Static** – Esta é a opção para criar uma imagem GIF estática. Por default, o Flash vai criar esta imagem com o primeiro frame do movie. Para selecionar outro frame a ser transformado em imagem, insira um keyframe com o label #static no frame desejado.

Capítulo 10 · Como gerar o movie final **135**

- **Animated** – Selecione esta opção para criar automaticamente uma animação em formato GIF a partir de seu movie. Por default, o Flash criará uma animação com seu movie inteiro. Apesar de o Flash otimizar essa operação, salvando-se apenas as mudanças ocorridas em cada frame, o resultado geralmente será um arquivo pesado demais para utilização na web. Se você quer criar uma animação que substitua o movie nos browsers que não possuam o plugin, não precisa necessariamente criar uma reprodução exata do seu movie em GIF. Você pode selecionar qualquer seqüência de frames para ser usada como GIF animada. Para isso, insira o label #First no primeiro e o label #Last no último frame da seqüência escolhida e o Flash usará apenas estes frames na criação da animação.

  Uma utilização muito interessante do Flash é criar pequenas animações a serem incluídas em páginas HTML normais. Você não vai querer, no entanto, que os espaços correspondentes a essas animações apareçam vazios nos browsers sem plugin. Então, pode selecionar um pequeno trecho do movie e criar automaticamente uma animação leve que aparecerá nestes casos. É possível até fazer o contrário. Se você precisar criar uma animação no formato GIF, para um banner[4], por exemplo, pode colocar um Flash movie como opção para os usuários que tiverem o plugin.

- **Loop Continuously/Repeat ( ) times** – Você pode deixar selecionada a opção Loop Continuously, para manter a animação se repetindo indefinidamente, ou inserir na opção Repeat ( ) times o número de vezes que quer que ela se repita até parar.

Options – Você dispõe aqui de alguns recursos para definir como será criada a imagem GIF.

- **Optimize Colors** – Este recurso serve para otimizar as paletas de cores. Quando você usa uma paleta padronizada, como a web 216, por exemplo, ela é toda incluída no arquivo de imagem. Como nem todas as cores das paletas serão usadas, esta opção permite uma redução no tamanho do arquivo ao eliminar aquelas que não serão necessárias.

- **Dither Solids** – Esta opção aplica a técnica de dithering às cores sólidas, além das variáveis, como os gradientes.

- **Interlace** – Com esta opção, o processo de interlacing será aplicado à imagem, fazendo com que ela seja apresentada gradativamente na tela, conforme estiver sendo carregada.

- **Remove Gradients** – Muitas vezes um gradiente que ficou ótimo em formato vetorial no movie pode resultar em uma imagem ruim no formato bitmap e, ainda, aumentar o peso do arquivo. Se isto ocorrer você tem aqui a opção de remover estes gradientes. O Flash vai substituir o gradiente original pela primeira das cores usadas em sua composição. Se necessário, você pode alterar a ordem dessas cores no original para que a primeira seja aquela que você deseja que apareça na imagem GIF.

- **Smooth** – É a opção que permite aplicar o antialiasing à imagem bitmap para suavizá-la, especialmente no caso de textos.

---

[4] Faixa de propaganda.

Transparent – Você poderá utilizar transparências na imagem GIF, tanto para tornar o fundo invisível quanto para manter a transparência de objetos do movie.

Vejamos as três alternativas:

- **Opaque** – Cria uma imagem GIF normal, sem transparências.
- **Transparent** – Faz com que apenas o fundo da imagem fique transparente, não se aplicando às transparências (alpha) criadas no movie.
- **Alpha** – Com esta opção, você pode fazer com que imagens que receberam transparência alpha no Flash fiquem totalmente transparentes. Na caixa **Threshold**, ao lado, você pode selecionar a partir de que nível de alpha, recebido no Flash, um objeto se tornará transparente. Pode determinar, por exemplo, que apenas os objetos do movie que tenham alpha menor do que 10% fiquem transparentes na imagem GIF. Você define um valor entre 0 e 255, que correspondem aos valores alpha de 0 a 100%, ou seja, no exemplo anterior você usaria o valor 26 para estabelecer 10% de alpha como o limite.

Dither – Esta opção permite configurar a aplicação do dithering para compensar o limite de cores disponíveis.

- **None** – Não aplica o dithering à imagem. As cores ausentes são substituídas pelas mais semelhantes disponíveis na paleta usada.
- **Ordered** – É um método de aplicação de dithering que otimiza o peso acrescentado à imagem.
- **Diffusion** – É um método utilizado apenas com a paleta Web 216. Traz bons resultados em troca de um acréscimo no peso do arquivo.

Palette Type – Aqui você seleciona a paleta a ser usada na criação da imagem.

- **Web 216** – É a paleta que, com vimos no capítulo sobre cores, contém as 216 cores que podem ser reproduzidas com precisão por todos browsers. Esta paleta é incluída inteiramente no arquivo, a não ser que você use a opção Optimize Colors.
- **Adaptive** – Define a utilização do sistema adaptive[5] de paleta. É o sistema mais eficiente para manter a fidelidade das cores, pois seleciona, entre as cores disponíveis, as mais semelhantes às originais e cria uma paleta sob medida para a imagem. Você terá a opção de trocar a fidelidade de cores por uma redução no peso do arquivo, especificando quantas cores poderão ser usadas, através da caixa Max Colors, a seguir.
- **Web Snap Adaptive** – Funciona do mesmo modo que a anterior, sendo que procura escolher, sempre que possível, cores disponíveis na paleta Web 216.
- **Custom** – Permite que você utilize uma paleta específica já existente. Se você quiser criar uma paleta especial para a imagem, como vimos no capítulo sobre cores, pode selecionar esta opção e importar a paleta de onde ela estiver localizada através da caixa **Palette**, a seguir.

---

[5] Adaptável.

JPEG

Se você selecionar o formato JPEG para criar a imagem substituta, o Flash também a criará usando o primeiro frame do movie. Para usar outro frame crie nele o label #Static.

Você encontrará, na janela Publish Settings, a guia JPEG, com algumas opções de configuração.

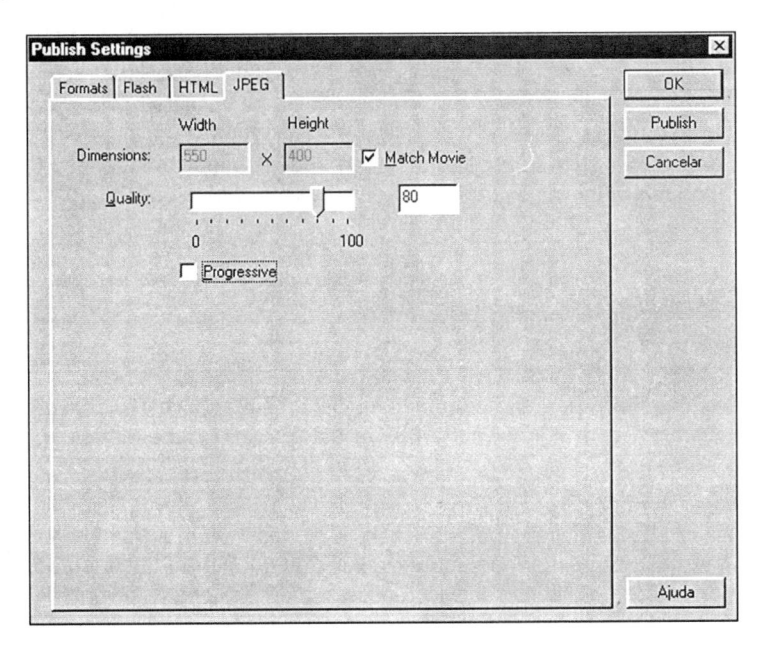

Dimensions – Assim como no caso de imagens em formato GIF, ao optar pelo JPEG você encontrará selecionada como default a opção **Match Movie**, que criará uma imagem com as mesmas dimensões do movie. Se você descartá-la, poderá selecionar a largura e a altura da imagem a ser criada, inserido seus valores nas caixas **Width** e **Height**, respectivamente. Lembre-se que o Flash sempre manterá as proporções originais do movie na imagem criada.

Quality – Selecione nesta opção o nível de compressão que o algoritmo JPEG usará para gerar a imagem. Como sempre, um maior nível de compressão significará menos qualidade e um tamanho menor do arquivo. Procure encontrar o ponto de equilíbrio que mais se ajuste ao seu objetivo, selecionando um percentual entre 0 (qualidade mínima) e 100% (qualidade máxima) através do controle deslizante ou inserindo o valor na caixa ao lado.

Progressive – Esta opção é equivalente à interlace, para imagens GIF. Faz com que a imagem seja exibida progressivamente.

PNG

Este é um outro formato que você pode usar para criar uma imagem a partir do movie. Atualmente ele não é suportado de forma geral pelos browsers, não sendo uma alternativa para a criação automática de uma imagem que substitua o Flash movie no caso de ausência do plugin. Como em alguns casos este formato pode proporcionar uma melhor qualidade da imagem, ele pode ser útil como intermediário. Selecione esta opção no menu para criar uma imagem em formato PNG com a melhor qualidade possível e, depois, trabalhe o arquivo criado em um editor de imagens para transformá-lo em um arquivo GIF ou JPG com melhor equilíbrio entre peso e qualidade do que seria possível criando-o diretamente com o Flash.

Sua configuração é muito semelhante à do formato GIF. A principal diferença está na opção de tornar o fundo da imagem transparente, o que aqui é obtido com a opção Bit Depth igual a 24-bit with Alpha. A outra opção existente, além das que vimos para o formato GIF, é **Filter Options**, que configura o modo como o algoritmo processa a compressão.

Windows/Macintosh Projector

Estas opções são usadas para transformar o movie em um arquivo executável, que pode ser exibido em um micro com Windows ou em um Macintosh, independentemente de plugins ou de outros softwares.

Este executável, conhecido como Projector, pode ser usado para criação de trabalhos em multimídia usando todos os recursos do Flash. Além disso, tem a tremenda vantagem, em relação a um movie para a web, de não ter restrições quanto ao tamanho do arquivo final. Você pode, portanto, usar bitmaps de alta qualidade e trilhas sonoras à vontade e criar longas animações dispondo de todos os recursos de interatividade existentes no Flash. Ele pode ser usado para criar CD-ROMs ou aplicações Multimídia para quiosques, por exemplo. Você poderá usar, também, as actions FSCommand exclusivas para ele, que vimos no Capítulo 9, para controlar sua apresentação.

Na realidade, existem aplicativos mais adequados para este tipo de trabalho, como o Director, da própria Macromedia, a partir do qual o Flash foi desenvolvido como uma aplicação independente, projetada para a criação de conteúdo da web. Nada impede, no entanto, que você use o Flash para isso.

Outra vantagem do projetor é permitir que você mantenha uma versão de seus trabalhos para a web que possa ser exibida em qualquer computador (da mesma plataforma), usando disquetes, por exemplo. Assim, você não depende de plugins ou de uma conexão com a Rede. É uma maneira perfeita de fazer demonstrações a clientes.

Quando você clica duas vezes no arquivo .swf em que seu movie foi gerado, o movie é apresentado em uma janela própria. Isto ocorre em virtude da presença do Flash Player em seu computador. É o modo conhecido como stand-alone. Através do comando Criar Projetor, no menu Arquivo do stand-alone, você também pode criar um projetor para seu movie, este sim independente de outros softwares.

Para criar um projetor no momento da geração do seu movie, através da janela Publish Settings que estamos analisando, não há nenhuma configuração especial. Simplesmente selecione a opção referente a seu sistema na guia Formatos e o projetor será criado com os demais arquivos selecionados.

Quick Time

Esta opção faz com que o Flash crie um movie no formato QuickTime, a partir do Flash movie. Não veremos aqui os detalhes de configuração deste formato.

Export

Vimos que o comando Publish cria de uma vez todos os arquivos que você precisa para publicar seu movie. Veremos agora os comandos Export Movie e Export Image, disponíveis no menu File, que permitem que você configure e gere individualmente os arquivos que desejar.

Quando você faz uma alteração no layout de um movie já publicado, por exemplo, não é necessário utilizar o comando Publish e gerar novamente todos arquivos. Com a opção Export movie você pode criar apenas um novo arquivo .swf, que substituirá o anterior.

Veremos, no entanto, que este recurso permite muito mais do que isso. Ele permite que você utilize o Flash como uma ferramenta importante para a criação de conteúdo convencional para a web ou mesmo para outros fins. Use todos os recursos do Flash que analisamos neste livro para criar imagens de alta qualidade, que poderão ser exportadas em formato bitmap para serem utilizadas em uma página HTML convencional. Mais interessante ainda é usar o Flash para criar uma animação em bitmap. Use todos os recursos do Flash para criar a animação e o Flash poderá exportá-la como uma GIF animada, por exemplo, já pronta para ser inserida em uma página. Enfim, use sua imaginação para criar livremente, utilizando o Flash como um editor de imagens. Se desejar, use-o para editar arquivos em bitmap, importando-os para o ambiente do Flash, editando-os com os recursos existentes e exportando-os de volta no formato que preferir.

Apesar de o Flash não possuir tantos recursos para edição e, especialmente, para otimização de imagens em bitmap, você sempre poderá utilizá-lo como uma etapa do processo, exportando o trabalho com a maior qualidade possível e passando-o para seu editor de imagens preferido para otimização e finalização, por exemplo.

Export Movie

Usando o comando Export Movie, do menu File, você tem a opção de exportar todo o conteúdo do movie ou uma seqüência de frames. O comando abre uma caixa de diálogo onde você pode escolher o formato .swf, do Flash Player, para exportar seu movie normalmente, ou pode optar por outros formatos, como uma GIF animada ou um movie QuickTime, já prontos, ou como uma seqüência de imagens estáticas. No último caso, cada frame do movie será transformado em uma imagem individual, no formato escolhido, e terão os nomes numerados em seqüência.

Ao criar uma GIF animada, o Flash otimiza automaticamente o arquivo final, salvando apenas as alterações ocorridas entre um frame e outro. O tempo da animação é definido como igual ao do movie original. Você pode usar um editor de imagens para ajustes adicionais. Para reduzir o tamanho da animação em bitmap você poderá, por exemplo, eliminar alguns frames, ajustar o tempo de exibição dos restantes e configurar outros detalhes.

Como já vimos, você pode exportar apenas uma determinada seqüência de um movie inserindo o label #First em seu primeiro frame e o label #Last no último. Como vimos no comando Publish, este é um recurso interessante para criar uma pequena animação que substitua o movie nos browsers que não disponham do plugin.

Você poderá selecionar o template que detecta o plugin e gera uma imagem alternativa no momento de publicar o movie e, sempre que quiser, poderá criar uma outra imagem, com o mesmo nome, para substituí-la, através do comando Export. Uma boa idéia é fazer uma montagem especial para transformar em GIF animada. Copie objetos e trechos de animações de um movie para um novo movie e crie um movie especial para ser transformado em GIF animada. Depois, é só salvá-lo no lugar da GIF criada pelo Publish para o movie original. Neste caso, você pode até usar o template de detecção, no Publish, sem selecionar qualquer formato de imagem (talvez você queira desativar a opção Show Warning Messages, porque o Flash vai ficar reclamando que você não selecionou um formato de imagem). Depois, é só criar a imagem alternativa separadamente, dando-lhe o mesmo nome do movie original.

É possível salvar a seqüência desejada como uma seqüência de imagens em qualquer um dos formatos disponíveis (PNG, por exemplo) e, depois, montar uma GIF animada usando um editor apropriado. O importante é que o Flash pode criar a animação e exportá-la como imagens em bitmap, ou mesmo em formato vetorial, como o .ai , do Adobe Illustrator.

Por fim, lembre-se que você pode exportar apenas o som de um movie, como um arquivo no formato WAV.

Escolha o formato na caixa de diálogo do comando Export Movie.... As opções de configuração serão as mesmas que já vimos para a criação automática com o comando Publish.

Export Image

Do mesmo modo que você pode exportar uma seqüência de imagens com o comando Export Movie, pode usar o comando Export Image, também no menu File, para criar uma simples imagem a partir de um frame ou de um objeto selecionado do movie. Este comando funciona exatamente da mesma forma que o anterior, mas cria uma única imagem.

Para criar a imagem de um único objeto em meio a outros no mesmo frame, no caso de um symbol, você pode selecioná-lo e acionar o comando edit in place, no context menu. Tudo o mais ficará isolado e o comando Export Image agora exportará apenas o objeto. No caso de imagens soltas, você deverá copiá-las para um frame isolado para que possa exportá-las individualmente.

Tanto aqui quanto no comando Export Movie, no momento de exportar você encontrará junto às demais opções de configuração o menu **Include:**[6], com as opções Minimum Image Area e Full Document Size. A primeira vai criar um arquivo contendo apenas a imagem dos objetos presentes, enquanto a segunda criará uma imagem de todo o stage.

> *Ao criar uma imagem a partir do modo de edição de um symbol, não use a opção Full Document Size, pois isto vai provocar um resultado diferente do esperado, variando em função dos pontos de origem do stage e do symbol.*

Resumo

Neste último capítulo, vimos como preparar o trabalho desenvolvido no Flash para publicação na web ou para outras utilizações. Examinamos como configurar cada um dos itens que determinam a apresentação final de modo a otimizar o resultado e vimos como fazer com que o Flash crie automaticamente todos os arquivos necessários.

Analisamos, também, todas as possibilidades de uso do Flash como uma poderosa ferramenta para criação de conteúdo convencional, como imagens estáticas, GIF's animadas e sons, para a Internet e para outros fins.

Questões de revisão

1. É possível editar um arquivo .swf? Como alterar um movie que já está pronto?
2. Como evitar que o usuário que não disponha do plugin veja um espaço vazio no lugar do movie?
3. O que acontece quando um movie no formato Flash 4 é aberto por um browser que tenha o plugin do Flash 3?
4. O que são os templates HTML disponíveis na janela do Publish Settings?
5. Como fazer para que o movie seja automaticamente redimensionado para ocupar toda a janela do browser, sem margens?
6. Como fazer para que apenas um trecho do movie seja automaticamente transformado em uma GIF animada com o comando Publish?
7. Como o formato PNG pode ser usado, em alguns casos, para se obter um arquivo de imagem de melhor qualidade para a web?
8. Cite uma situação em que usar o comando Export é preferível ao Publish.
9. Como o Flash pode ser usado para criar apenas uma GIF animada?
10. Como o Flash pode ser usado para criar apenas um arquivo de som?

---

[6] Incluir

Exercícios de revisão

1. Crie um movie qualquer, como exemplo, e publique-o de forma que ocupe toda a área da janela do browser, sem deixar margem.
2. Crie um banner de 468 x 60 pixels, de forma que ele seja visto como uma GIF animada por quem não tiver o plugin, e faça com que, quando um botão no exemplo anterior for clicado, ele se abra em uma janela de seu tamanho, sem menus.
3. Prepare o template Meu Flash 4, descrito no capítulo, e publique com ele seu banner de forma que, ao clicar nele, o usuário vá para outro site.
4. O último exercício é criar um movie completo utilizando os recursos descritos neste livro e publicá-lo no lugar do exemplo acima.

GLOSSÁRIO

Action – Ação executada automaticamente, de acordo com um evento, através da linguagem de script do Flash, a ActionScript.

ActionScript – Linguagem de script do Flash, usada para programar ações (Actions) específicas.

Algoritmo – Estrutura lógica que é desenvolvida para permitir a um computador lidar com determinada tarefa. Após ser criado, um algoritmo é traduzido em uma linguagem de programação.

Alpha – Nível de transparência que pode variar de 0 a 100. O Alpha é um canal lógico acrescentado à palette de cores de um objeto para registrar dados relativos a transparências.

Antialias – Recurso usado para suavizar o contorno de imagens reduzindo o efeito serrilhado apresentado em determinados casos.

Área de transferência(Clipboard) – Área da memória onde são mantidos provisoriamente elementos copiados da área de trabalho.

ASP – Acrônimo de Active Server Page. Linguagem usada para o processamento dinâmico de páginas da web em um servidor.

Bitmap – Formato usado para gravar imagens em arquivo digital, onde cada ponto da imagem é mapeado individualmente.

Blank – Em branco, vazio.

Browser – Programa utilizado para visualizar páginas web.

Buffer – Área especial da memória, onde determinados dados ficam armazenados temporariamente, quando estiverem prestes a serem utilizados, permitindo que estejam disponíveis rapidamente no momento que forem requisitados pelo sistema.

Clipboard(Área de transferência) - Área da memória onde são mantidos provisoriamente elementos copiados da área de trabalho.

Default – Opção pré definida, usada quando nenhuma opção é escolhida.

Dither – Técnica que otimiza uma imagem, simulando as cores ausentes da palette da imagem.

Fontes – É como são chamadas as letras, ou tipos, usados pelo computador.

Frames – Molduras, em inglês. São os quadros de uma animação, dispostas sequencialmente ao longo da timeline.

Gradiente – Cor composta por mais de uma cor em mudança gradual, também conhecido como degradê.

Grid – Grade que se sobrepõe visualmente à área do stage, servindo como referência para o posicionamento de elementos.

HTML – HyperText Markup Language – Linguagem utilizada para criar arquivos padronizados, de forma que sejam traduzidos da mesma forma por qualquer computador. É o formato básico utilizado na criação de páginas para a Web.

Image Map – Imagem dividida logicamente em segmentos específicos, que são mapeados de forma a poderem ser referenciados separadamente, geralmente tendo links associados a um ou mais dos segmentos.

Indentação – Distância entre a margem de um parágrafo e o início da primeira linha.

Kerning – Recurso tipográfico que ajusta a inserção de parte de um caractere no espaço de outro, produzindo um melhor aspecto visual, como em – VA.

Label – Rótulo, em inglês. Pode ser atribuído a um frame na forma de uma referência para sua identificação ou na forma de um comentário para documentação.

Layers – Camadas, em inglês. São transparentes e ficam sobrepostas mantendo seu conteúdo isolado do das demais.

Loop – Ciclo em que alguma coisa retorna à sua posição inicial uma ou mais vezes.

MP3 – Abreviatura do formato MPEG Layer 3, algoritmo de compactação de sons de alta eficiência.

Outline – Contorno, em inglês. Denomina o contorno de imagens. O termo pode ser usado também como esboço.

Palette – A palette de cores de um objeto é o conjunto de dados que contém informações sobre as cores utilizadas no objeto.

Parâmetro – Valores fornecidos a uma função do ActionScript. Representa uma opção para uma determinada action.

Path – Significa caminho, rota. No caso do endereço de um arquivo, o path é o próprio endereço. Completo, definindo a localização a partir do diretório raiz e eventuais subdiretórios, até o nome do arquivo com sua extensão, no caso de um path absoluto, ou a partir de um determinado diretório no caso de um path relativo.

Plataforma – Tipo de Sistema Operacional como, Windows, Macintosh, Unix e Linux, entre outros.

Plugin – Programa independente que acrescenta determinada funcionalidade a um outro. No caso do Flash o plugin do Flash Player acrescenta a um browser a capacidade de apresentar Flash movies.

Script – Linguagem de programação simplificada.

Stroke – Traço, linha que contorna uma imagem.

Glossário

Tablet – Dispositivo usado como periférico no computador, composto de uma placa e uma caneta especial. Os desenhos feitos com a caneta sobre a placa são reproduzidos na tela.

Tag – Refere-se aos comandos reconhecidos pelo HTML. São termos convencionados, inseridos no código HTML entre os sinais "<" e ">", que determinam o que representam os comandos presentes entre sua abertura *<tag>* e fechamento *</tag>*.

Timeline – Linha do tempo, em inglês. Linha que representa a evolução do tempo ao longo de uma animação. Apresenta os frames da animação e é composta de layers sobrepostas.

Tint – Tingimento. Encobrir uma cor com outra.

Tween, tweened – Abreviatura da palavra inglesa "between", que significa entre, em meio a. Termo usado no sentido de interpolação.

URL – Acrônimo de Uniform Resource Location, que significa localização de um recurso. É o endereço usado para localização de um arquivo na Internet.

Web - Segmento da Internet destinado à apresentação de conteúdo multimídia.

Websafe palette – Palette de cores, composta pelas 216 cores comuns a qualquer Web browser.

WWW – World Wide Web. Significa, em inglês, Teia de abrangência mundial. Também chamada apenas de Web.

Apêndice

Respostas das questões de revisão

Capítulo 1

1. Você tem, principalmente, a vantagem de poder criar animações interativas relativamente longas, com excelente qualidade de imagem e que se ajustam automaticamente ao tamanho da janela do browser, em um arquivo suficientemente pequeno para ser transmitido rapidamente via Internet.
2. Alinhando-se o conteúdo todo acima e à esquerda no stage e selecionando a opção Match Contents da janela Movie Properties.
3. Objetos do tipo Symbol possuem sua própria timeline. Por isso, não há limite para o número de timelines diferentes que podem existir dentro de um mesmo movie.
4. Na janela do Scene Inspector, acessado através da opção Inspectors do menu Window, é possível reordenar as Scenes arrastando seus títulos para a posição desejada.
5. Na library window são mantidos os symbols, que podem ser graphics, buttons, movie clips, sons, vídeos ou bitmaps.
6. Utilizando o Object Inspector.
7. Com o botão direito do mouse, no caso do Windows, ou apertando o botão do mouse junto com a tecla Control, no caso do Macintosh.
8. Usando a ferramenta Hand para mover todo o conteúdo da área de trabalho.
9. Copiando os frames que serão impressos, com o comando copy frames, abrindo um novo movie; colando os frames copiados, com o comando Paste Frames e imprimindo um storyboard.

Capítulo 2

1. Transformando pelo menos uma delas em um Group ou posicionando-as em layers diferentes.
2. Traçar a reta verticalmente apertando a tecla Shift.
3. Selecionando o quadrado vazio que existe na parte superior esquerda da paleta de cores de lines para eliminar o stroke e usando a ferramenta Oval, apertando a tecla Shift ao traçar o círculo.
4. É possível fazer isso usando as opções Paint Selection ou Paint Inside, da ferramenta Brush.
5. Selecionando a palavra já pintada, captando sua cor com o Eye dropper e pintando a nova palavra com Paint Bucket.
6. Utilizando o grid e a opção Snap para alinhar as letras e equalizar a distância entre elas.
7. Utilizando a websafe palette.
8. Transformando-a primeiro em um fill através do comando Lines To Fills, da opção Curves do menu Modify.
9. Utilizando o comando Optimize, da opção Curves do menu Modify.

Capítulo 3

1. O estado livre, ou solto, como é o caso de fills e lines, e o estado agregado, em que se encontram Groups e Symbols.
2. Pode-se usar o cursor, para selecionar objetos específicos, ou o comando Select All, para selecionar simultaneamente todos os objetos presentes.
3. Para proteger determinados elementos enquanto se editam outros, na mesma layer, pode-se usar o comando Lock, da opção Arrange do menu Modify.
4. Para deixar mais de um objeto selecionado ao mesmo tempo você pode escolher, no menu File, opção Preferences, se vai fazê-lo diretamente, ao selecionar cada um seguidamente com a ferramenta, ou se vai usar a tecla Shift quando quiser fazê-lo. O default é o último caso.
5. Pressionando a tecla Alt (Windows) ou Option (Macintosh).
6. Usar o comando Cut para tirar o objeto da frente, editar o outro e usar o comando Paste In Place para repor o objeto removido exatamente no mesmo lugar.
7. Usando o comando Break Apart você perde diversas informações referentes às propriedades de um objeto, não sendo possível recuperá-las mais tarde.
8. Através do comando Trace Bitmap, do menu Modify.
9. Esta informação se encontra na janela de propriedades do bitmap, acessada através da library window.

Apêndice · *Respostas das questões de revisão* **149**

Capítulo 4

1. Além de sua posição, um bloco de texto pode ter alteradas suas dimensões, rotação e distorção, sem perder suas características e propriedades como texto editável.
2. Dos três tipos, o que cria mais peso no movie final é o de fontes transformadas em imagens. O mais leve dos três é o que utiliza as device fonts.
3. Selecionando-o e clicando no modificador Text Field, da ferramenta Text.
4. Definindo seu campo como um text field e alterando durante a apresentação do movie, através de um script, o texto que corresponde ao valor de sua variável.

Capítulo 5

1. Basta arrastar a layer do objeto que está por trás para uma posição mais alta que a da layer que contém o objeto que está à frente.
2. Nada. A invisibilidade, neste caso, serve apenas como uma ferramenta para ajudar a visualização na área de trabalho, não afetando a apresentação do movie.
3. Clicando na coluna que tem o ícone do olho, na layer desejada, enquanto mantém pressionada a tecla Alt, no Windows, ou Option, no Mac.
4. Clicando no ícone do quadrado todos os frames passarão para formato de outline. Pode-se identificar a layer de um objeto pela cor, pois a layer em que ele estiver receberá um quadrado com a mesma cor de seu outline.
5. Abaixo de todas, pois assim ela aparecerá sempre no fundo, por trás de todas as outras. Com isso, ela nunca atrapalhará ficando na frente de algum objeto que seja parte do movie e, também, poderá ser usada com mais eficiência como referência estando sempre por trás das demais.
6. Não fará qualquer diferença. Um objeto na Mask layer aparecerá sempre como um buraco, totalmente transparente, independente de suas propriedades.
7. Basta pegar a layer desejada e posicioná-la abaixo da mask layer existente para que ela se torne automaticamente uma masked layer também.

Capítulo 6

1. Graphics, Buttons e Movie Clips.
2. A animação em forma de Movie Clip ocupa apenas um frame da timeline principal e pode ser apresentada independentemente de o movie estar andando ou parado, enquanto a animação frame-by-frame ocupa um frame da timeline principal para cada um de seus frames, acompanhando a reprodução destes últimos.
3. Porque um button possui apenas quatro estados: Up, Over, Down e Hit, possuindo, por isso, apenas um frame para cada um deles.
4. Edição em uma janela própria, edição em uma área própria aberta na área de trabalho e edição no local onde se encontra, na própria área de trabalho.
5. O symbol passa a pertencer ao frame que possua um keyframe mais próximo à esquerda.

6. Pelo menos um, qualquer que seja. Quando se encontrar nos estados em que não houver imagem alguma, ele ficará invisível. Se houver apenas o estado Down, por exemplo, ele ficará invisível até que um usuário mais inspirado o encontre e clique nele. Ele só aparecerá enquanto o mouse estiver apertado sobre ele. Se um button possuir apenas o estado Hit, ele será sempre invisível mas sensível a todos os eventos que contiver.
7. Usando a opção Special, de Color Effects.
8. O Button symbol.
9. Abrindo a library do outro movie com o comando Open As Library, do menu File, e passando o symbol desejado dali para a área de trabalho.
10. Sim. Selecionando o symbol, abrindo a janela Instance Properties, selecionando ali o outro symbol e clicando no botão Switch Symbol, abaixo à esquerda.

Capítulo 7
1. Tweening animation e Frame-by-frame animation.
2. Motion tweening e Shape tweening.
3. A motion tweening pode sempre ser aplicada a symbols e, algumas vezes, a Groups, mas nunca a objetos soltos. A shape tweening só pode ser aplicada a objetos soltos.
4. Apenas uma. Pode-se associar a ela quantas layer forem necessárias.
5. Para controlar individualmente a transformação de segmentos específicos de uma imagem durante o shape tweening.
6. Fazendo com que a imagem se transforme antes em uma imagem intermediária e, em seguida, transformando esta última na imagem final, ao invés de transformar uma na outra diretamente.
7. Quando a velocidade é baixa demais, a animação perde a continuidade suave que deve ter, apresentando-se como em pequenos saltos. Se alta demais, a velocidade faz com que os detalhes do filme percam a definição.
8. O uso do Context menu.
9. Para visualizar ou editar mais de um frame simultaneamente.

Capítulo 8
1. Na library, junto aos demais symbols.
2. É possível editar, mas não criar.
3. O peso acrescentado por ele ao arquivo final do movie.
4. Streaming ou Event.
5. O número de bits, a sample rate e o modo (stereo/mono) do arquivo original.
6. Quando o som é editado pelo usuário dentro do Flash.
7. Ajustando os controles Time in e Time out para o início e o fim efetivos do som, deixando de fora os trechos em branco.
8. Continua sendo reproduzido até o final, conforme configurado.

Apêndice · Respostas das questões de revisão   **151**

9. Usando o chamado loop, que fica repetindo indefinidamente um pequeno trecho de música que não ocupa muito espaço.
10. Selecionando o arquivo de som na library window e selecionando a opção Properties em seu context menu.
11. MP3 e ADPCM.

Capítulo 9
1. É uma linguagem de script nativa do Flash, usada para programar eventos em um movie.
2. Através de uma interface gráfica, o Flash cria automaticamente a estrutura do script a partir de seleções efetuadas pelo usuário.
3. Em uma instance de um button ou em um frame.
4. Quando o movie alcança esse frame.
5. Apertar o botão do mouse sobre o button (Press), soltar o botão do mouse sobre ele (Release), apertá-lo sobre o button e soltá-lo fora dele (Release Outside), posicionar o cursor sobre o button (Roll Over), tirar o cursor de cima (Roll Out), apertar o mouse sobre o button, arrastar para fora e voltar arrastando (Drag Over), apertar sobre o button, arrastar e soltar fora (Drag Out) e apertar determinada tecla do teclado.
6. Go To and Stop, que vai para um local e pára, e Go To and Play, que vai para o local e continua.
7. A action Stop All Sounds interrompe todos os sons que estão sendo reproduzidos no momento em que é executada mas não desliga o som do movie. Todos os sons que tiverem início posteriormente funcionarão normalmente.
8. Abrir uma página HTML na Internet, enviar e-mail, enviar comandos JavaScript para o browser e enviar/receber variáveis.
9. Para enviar comandos JavaScript ao browser e controlar uma apresentação do Projetor.
10. O sistema consiste em carregar cada um em um level diferente.
11. Pode-se usar .. / ou _level0/
12. Isto não é possível.
13. Criando um movie contendo cada action em um frame com um label que a identifique e utilizando a action Call para invocá-la de qualquer outro lugar.
14. Com Alpha igual a zero, um movie clip torna-se apenas invisível, mantendo sua funcionalidade. Um button com alpha zero pode ativar uma action quando o mouse passar por cima dele, por exemplo. Já a property Visibility zero faz com que um movie clip fique totalmente nulo, como se não existisse.
15. /nomedoclip:nomedavariável
16. Para distribuir cada cópia criada em um nível individual.
17. Deve-se colocar o objeto a ser arrastado dentro de um movie clip na forma de um button.

Capítulo 10

1. Um arquivo .swf, se não estiver protegido, pode ser editado de forma muito limitada. Para atualizar um movie é necessário editar seu arquivo .fla original.

2. Utilizando um sistema de detecção do plugin no arquivo HTML em que o movie será apresentado, que apresente automaticamente uma imagem alternativa quando o plugin não estiver presente. Pode-se usar os templates disponíveis na janela Publish Settings ou editar o HTML diretamente.

3. O movie é apresentado, sendo que os recursos exclusivos da versão superior não funcionarão.

4. São arquivos de texto que contêm configurações específicas para a passar ao arquivo HTML que hospedará um movie. Cada uma serve para criar uma página HTML com a estrutura necessária para apresentar um Flash movie, ou outra imagem, de uma determinada maneira.

5. Você pode criar um frameset em HTML dividido em dois frames, um ocupando 100% do espaço e a outro zero, ficando escondido; definir as margens e bordas dos frames como zero e inserir o Flash movie no maior, com a opção 100% Width e 100% Height na configuração do HTML.

6. Selecionando as opções GIF e Animated, na configuração do Publish Settings, e inserindo o label #First no primeiro frame da seqüência e #Last no último.

7. O formato PNG não é reconhecido por todos os browsers. Ele pode ser útil como formato intermediário. Exportando uma imagem do Flash nele com alta qualidade e transformando-o depois em um formato otimizado para a web é possível, em alguns casos, criar um resultado melhor do que ao exportar do Flash diretamente para o formato web.

8. No caso de você estar apenas atualizando um movie que já foi publicado, não é necessário usar o comando Publish e criar todos os arquivos novamente. É mais adequado usar Export. Se você tiver feito alguma alteração no arquivo HTML criado para o Flash, as perderá se usar o Publish novamente.

9. Criando a animação em Flash e usando o comando Export Movie para criar automaticamente a versão em GIF animada.

10. Exportando o movie no formato WAV seu som será gravado em um arquivo normal de som. É possível importar um arquivo de som para o Flash, editá-lo usando os recursos disponíveis e exportá-lo novamente no formato WAV, mas não é possível criar um som com o Flash.

ANOTAÇÕES

ANOTAÇÕES

ANOTAÇÕES

ANOTAÇÕES

ANOTAÇÕES

ANOTAÇÕES

Impressão e acabamento
Editora Ciência Moderna Ltda.
Rua Alice Figueiredo, 46
CEP: 20950-150, Riachuelo – Rio de Janeiro – RJ – Brasil
Tel: (021) 201-6662 /201-6492 /201-6511 /201-6998
Fax: (021) 201-6896 /281-5778
E-mail: lcm@novanet.com.br

CD-ROM

O CD-ROM anexo a este livro contém uma versão demo do FLASH 4. Esta é uma versão completa do programa, ou seja, totalmente funcional, exceto pelo prazo de validade que expira trinta dias após sua instalação.

Além da versão demo do FLASH 4, o CD-ROM inclui também versões demo dos seguintes softwares:

- DIRECTOR 7
- DREAMWEAVER 2
- FIREWORKS 2
- FREEHAND 8
- AUTHORWARE 5
- ATTAIN OBJECTS FOR DREAMWEAVER

Instalação do FLASH

Para instalar o FLASH 4 em seu computador, siga estes passos:

1. Insira o CD-ROM no driver e aguarde a abertura automática (caso a apresentação não se inicie, clique duas vezes no ícone Start do CD-ROM).
2. Clique no ícone do FLASH.

3. Na tela seguinte, clique na opção Install Flash.
4. Na tela seguinte, o sistema identificará se sua máquina é um PC ou um Macintosh. A versão correspondente do programa será selecionada automaticamente. Clique novamente em Install Flash.
5. Então será iniciado o processo de instalação, através das seguintes etapas:
    - A primeira tela recomenda que todos os demais programas abertos sejam fechados antes de se iniciar a instalação. Clique em Next para continuar ou Cancel para interromper o processo.
    - A tela seguinte apresenta a licença para uso do programa. Clicando em Yes você concorda com ela.

- Na próxima tela você define a pasta em que o programa será instalado. Clique em Next para usar a pasta default ou em Browse para selecionar outra.

- A tela seguinte permite selecionar o tipo de instalação a ser efetuada. A opção Typical instala os recursos mais comuns do programa. A opção Compact resume a instalação ao mínimo necessário. Finalmente, com a opção Custom você poderá escolher quais recursos serão instalados.

  A recomendação é utilizar a opção Typical.

  Clique em Next para continuar.

- A tela seguinte permite selecionar a pasta do programa a ser utilizada. A sugestão é manter a opção default.

  Clique em em Next para continuar.

- A seguir, todas as opções selecionadas serão apresentadas na tela.

  Clique em Next para confirmá-las e iniciar a instalação.

- Terminada a instalação, você poderá selecionar a opção "Yes, view the ReadMe file now" para receber maiores informações, em inglês, sobre as novidades da versão 4 em relação à anterior.

  Clique em Finish para terminar.

O FLASH 4 estará agora disponível, junto aos demais programas, em seu computador.